Warum bin ich Wegetarierin

ich bin Wegetarierin weil mir die Tiere leid tun und weil ich an einem Abend einmal eine Wurst gegessen habe und mir vorgestellt habe es wäre ein Schwein und ich habe reingebissen da ist mir so der Appetit vergangen dass ich bis Heute kein fleisch mehr gegessen habe und ich hoffe auch keuns mehr esse.

Lena R.   5 Klasse

Liebe Barba...

Ich bin Vegetarierin weil:

★ ich mir Gedanken gemacht habe, was ich da eigentlich esse.

★ meine Mutter auch aufgehört hat Fleisch zu essen.

Ich habe mir dann gesagt, ich esse nur noch eine Wurst in der Woche. Und so wurde es zum Monat, Jahr und gar keine Wurst mehr, kein Fleisch und kein Fisch. Übrigens meine Schwester Fiammetta hat noch nie Fleisch, Wurst oder Fisch gegessen und jetzt ist sie kräftig, stark, munter und gesund.

★ Mein Lieblings Essen ist:

Gebackener Camanbert mit Selerieauflauf und Reis.

Arianna Delpiaz 5.Kl.

Warum bin ich Vegetariä?

Ich bin Vegetaria weil mich meine Eltern vegetarisch erzogen haben und weil ich die Tiere liebe, denn ich habe mal gegen über von einer Metzgerei gewohnt, dort habe ich gesehen wie ein Schwein geschlachtet wurde! Es war grausam für mich.

Ich und än paar andere Kinder sind einmal zu einer Geburtstagsfeier gelaufen, dort habe wir gesehen wie ein Schwein auf eine heiße Platte gelegt wurde und dann die Haut abgeschält wurde.

Mein Lieblings essen:

Vegetarische Pizza, Nudel und Reis mit vegetarrischem Gepräs (aus waren)

Von Johannes Rotter
5. Klasse

Augen hat!
...eunde!

von Rosalie Brisenbach

Barbara Rüttings
Koch- und Spielbuch für Kinder

Meine Meinung als Kater:
Wer sich ißt gesund,
hat vergnügte Stund!
Ist im Kopf heller,
denn er lernt schneller
und hat mehr Zeit
für Spiel und Freud! *Miau!*

„Papi, gibt es wirklich Menschen, die Fleisch essen?" fragte ein vierjähriger Junge seinen Vater. Er konnte sich das gar nicht vorstellen.

Es stimmt aber. Viele Menschen essen noch Fleisch, weil sie es so gewohnt sind. Sie denken gar nicht darüber nach, daß sie da mit dem Steak oder der Wurst ein Stück Tier verzehren. Dabei gibt es ganze Völker, die kein Tierfleisch essen, und die sind auch gesund, sehr sogar. Aber immer mehr Menschen, vor allem Kinder, sagen, Tiere sind meine Freunde, und meine Freunde esse ich nicht. Wie der kleine Junge. Er und seine ganze Familie sind Vegetarier. So nennt man diejenigen, die keine Tiere mehr essen wollen.

Es gibt aber verschiedene Vegetarier. Manche essen kein Fleisch und keine Wurst, aber noch Eier und Milchprodukte, andere wieder keine Eier, aber Milchprodukte wie Milch, Butter und Käse, und noch andere essen gar nichts vom Tier, nur noch Pflanzen. Die heißen Veganer.

In meinen Rezepten gibt es noch Eier und Milchprodukte. Aber die Eier stammen von glücklichen Hühnern, die nicht in Legebatterien eingesperrt sind, sondern frei herumlaufen und herumpicken und Sandbäder nehmen können. Und die Butter, die Sahne und der Käse kommen von Kühen, die auch nicht immer eingesperrt sind, sondern auf der Weide grasen dürfen, also beim Bio-Bauern leben, wo sie artgerecht gehalten werden. So nennt man das.

Auch Obst, Gemüse und Getreide sollten alle Leute aus biologischem Anbau kaufen. Das ist zwar etwas teurer, aber dafür bleibt ihr gesund und munter. Und den Tieren und der ganzen Natur geht es dadurch besser. Und schmecken tut es auch super. Am besten besprecht ihr das alles mal mit euren Eltern.

Obst und Gemüse sollte immer frisch sein, und das Getreide frisch gemahlen – diesen Tip und noch viele andere findet ihr auf den Seiten 8–12.

Und nun: Kochmützen auf – und los geht's!

Euer Kater Fettucini

Alle Abbildungen in diesem Buch könnt ihr natürlich bunt ausmalen.

Besuchen Sie uns im Internet unter
http://www.maryhahn-verlag.de

Die 1.–6. Auflage erschien im Georg Lentz Verlag, München
7. überarbeitete Auflage 2003

© für die überarbeitete Ausgabe: by Mary Hahn
in der F. A. Herbig Verlagsbuchhandlung GmbH, München
Alle Rechte vorbehalten
Schutzumschlag: Jörg Drühl
Satz: Josef Fink GmbH, München
Druck: Graph. Kunstanstalt Jos. C. Huber, Dießen
Binden: Buchmanufaktur Oldenbourg, Monheim
Printed in Germany
ISBN 3-87287-509-4

Barbara Rüttings
Koch- und Spielbuch
für Kinder

Für drinnen und draußen
vorgestellt von Kater Fettucini

Mary Hahn

Inhalt:

★ ★ ★

Inhalt:

★ ★ ★

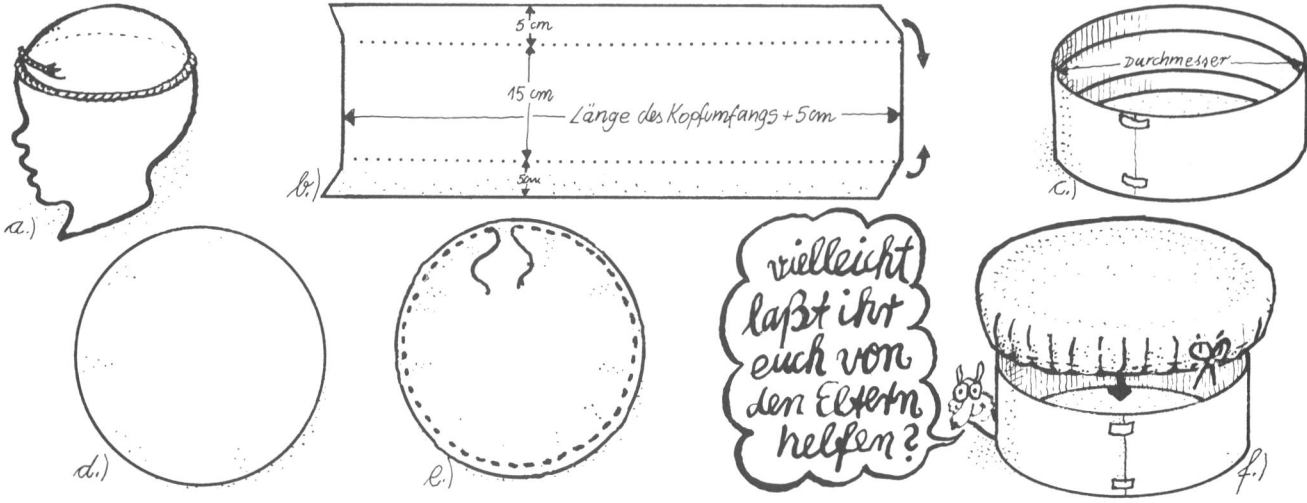

5 cm
15 cm
Länge des Kopfumfangs + 5 cm
5cm
Durchmesser
vielleicht laßt ihr euch von den Eltern helfen?
a.)
b.)
c.)
d.)
e.)
f.)

a) Mit einem Faden den Kopfumfang messen.
b) In dieser Länge plus 5 cm und mit etwa 20 cm Höhe aus steifem Papier einen Streifen ausschneiden. Oben und unten 4 cm umknicken.
c) Den Streifen zum Ring biegen, aufprobieren und, wenn er paßt, zusammenkleben.
d) Aus Kreppapier einen Kreis mit größerem Durchmesser als c ausschneiden (je größer der Kreis, desto höher und bauschiger wird eure Kochmütze).
e) Mit Nadel und Faden reihen und auf den Kopfumfang zusammenziehen.
f) Die Falten verteilen und dann in den Ring kleben.

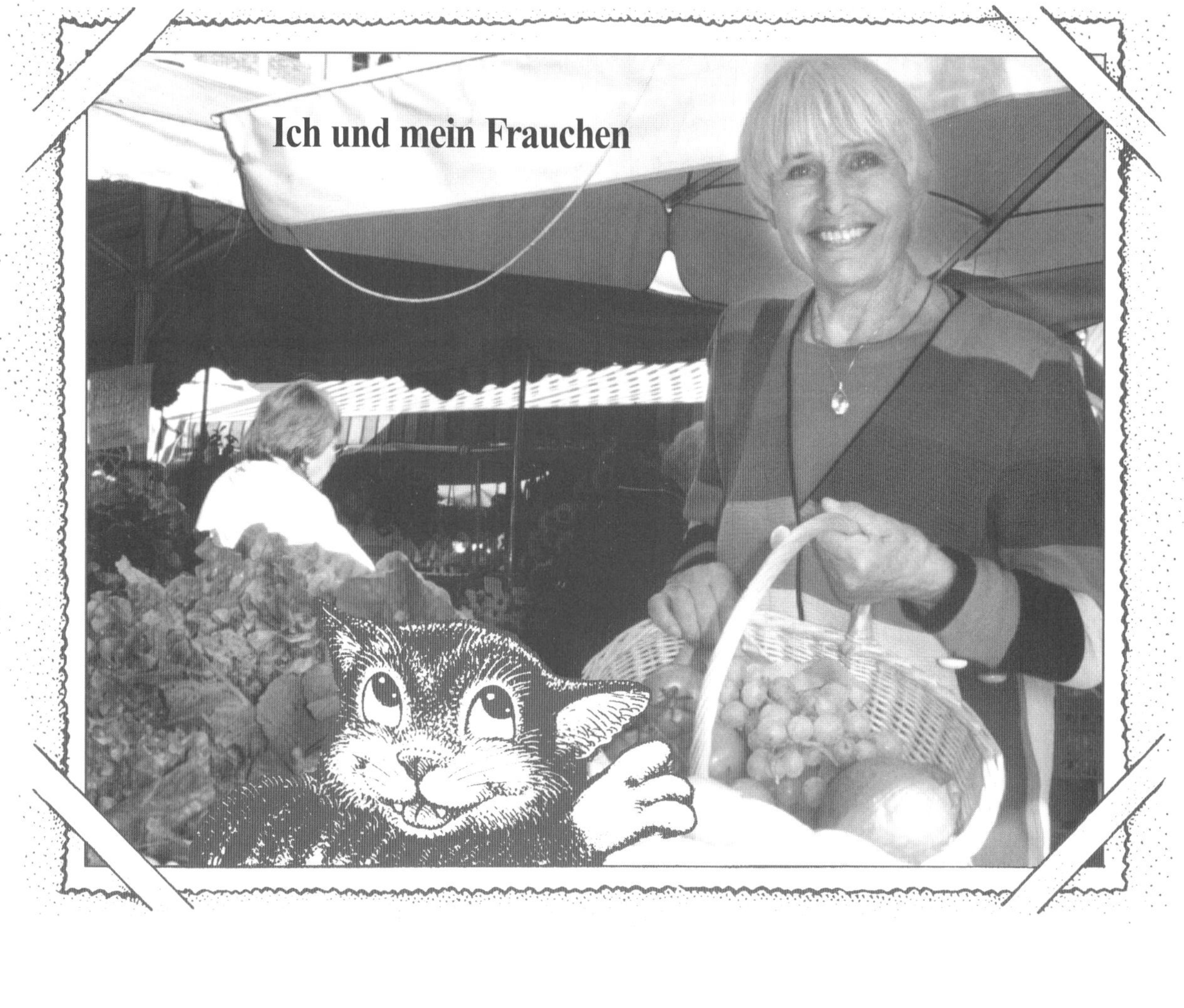

Ich und mein Frauchen

Miau! Ich bin der Kater Fettucini!

Und ich bin ein toller Koch. Das sieht man ja schon an meiner Kochmütze. Ein sehr flottes Modell, finde ich. Darum hab' ich euch aufgezeichnet, wie ihr sie nachbasteln könnt. Mit so einer Kochmütze auf dem Kopf schwingt sich der Kochlöffel gleich dreimal so gut. *Miau!*

Natürlich gibt es in meiner Kater-Küche ein paar ganz spezielle Tips und Tricks.
Hier sind sie:

Fettucinis Küchen-Tips und -Tricks

Bevor es losgeht: Händewaschen nicht vergessen!

Wenn ihr fertig seid: alles gründlich wieder saubermachen. Keiner kommt gern in
einen Saftladen von Küche, wo alles klebt!

Rezept vorher gründlich und ganz durchlesen, dann geht's nachher einfacher.

Alle Zutaten bereitstellen und abwiegen.

Alle nötigen Küchengeräte bereitstellen.

Die Warnzeichen beachten! Damit ihr euch nicht verbrennt, verbrüht
oder schneidet. Und wenn euch die Erwachsenen mal einen Rat geben: sie sind
zwar auch nicht alle neunmalklug, aber sie leben schon so lange.
Sie haben sich schon so oft verbrannt, verbrüht und in den Finger geschnitten, daß sie
schon vorher wissen, wobei so etwas passieren kann.
Da kann man ruhig auf sie hören.

Topflappen oder noch besser Topfhandschuhe verwenden, wenn ihr einen
Topf vom Herd nehmt.

Wenn ihr das Handrührgerät benutzt habt, gleich den Stecker aus
der Dose ziehen! Nie vorher den Sahnequirl ablecken! Dabei haben sich schon Leute
die Zungenspitze abgeschnitten.

Die Portionen sind immer für 4 Kinder mit ziemlich großem Hunger gedacht.

So wird eine Zwiebel geschnitten:

So wird ein Ei aufgeschlagen:

 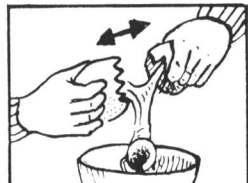

So wird Pudding oder Eis gestürzt:

Ihr legt einen Teller umgekehrt auf die Schüssel mit der Speise,
dreht beides um, so daß der Teller unten ist und die Speise oben – etwas ruckeln, bis
sich die Speise löst und rund und dick auf dem Teller sitzt.
Manchmal muß man vorher ein bißchen mit dem Messer nachhelfen und den Rand
der Speise von der Schüssel lösen.

Etwas im Wasserbad erhitzen, zum Beispiel Honig, bedeutet: Gefäß mit Honig in einen
Topf mit kochendem Wasser stellen, bis der Honig warm ist.

Wenn etwas angebrannt ist, nicht umrühren, sondern das nicht
Angebrannte abschöpfen und – wenn es nicht angebrannt schmeckt – in einem
anderen Topf weiterkochen.

Wenn etwas versalzen ist: eine Kartoffel schälen, in dem Gericht 15 Minuten mitkochen
und dann herausnehmen.

Wenn Kuchenteig gerührt oder Sahne geschlagen wird, einen nassen Lappen unter
die Rührschüssel legen, dann rutscht sie nicht weg.

Kuchenteig immer in eine Richtung rühren.

Zum Umrühren in Topf oder Pfanne Holzlöffel oder Holzspatel nehmen, die
zerkratzen den Boden nicht.

Plätzchen und Tees bleiben in Blechdosen frisch.

Eine Rolle Küchenkrepp bereitlegen zum Händeabwischen.

Bei Kuchen und Puddingen die Stricknadelprobe machen: eine
Stricknadel hineinpieken – wenn nichts daran kleben bleibt, ist der Kuchen oder
Pudding fertig.

EL bedeutet Eßlöffel
TL bedeutet Teelöffel

g bedeutet Gramm

1 Prise ist das, was man zwischen zwei Fingerspitzen fassen kann

½ Kilo entspricht etwa 6 mittelgroßen Kartoffeln

120 g entsprechen etwa einer Tasse Mehl

15 g entsprechen einem EL Butter, einem gehäuften EL Kakao

10 g entsprechen einem gestrichenen EL Mehl oder Salz

1 Tasse ungeschlagene Sahne ergibt 1½ Tassen Schlagsahne

1 Tasse faßt etwa ¼ Liter Flüssigkeit

Nudeln werden beim Kochen um ⅓ mehr

180 Grad im elektrischen Backofen entspricht Stufe 2 im Gasherd
200 Grad im elektrischen Backofen entspricht Stufe 3 im Gasherd
220 Grad im elektrischen Backofen entspricht Stufe 4 im Gasherd
250 Grad im elektrischen Backofen entspricht Stufe 5–6 im Gasherd

♥ bedeutet: macht am meisten Spaß, wenn die ganze Familie mitmacht.

Die nachfolgend mit ☺ bezeichneten Zutaten gibt es im Reformhaus,
im Bioladen oder in der Naturkostabteilung im Supermarkt.

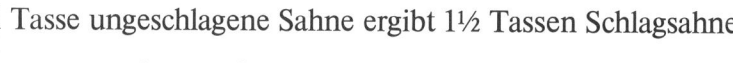

Die volle Naturkraft im ungeschälten Korn

Äußere und innere Fruchtschale (Ballast-, Mineral- und wertvolle Vitalstoffe)

Samenschale (Mineralstoffe und Eiweiß)
Aleuronschicht (Eiweiß und wertvolle Vitamine)
Mehlkörper (Kohlenhydrate und Eiweiß)
Keim (Besonders wertvolle Eiweißstoffe, Keimöl, Mineralstoffe, Spurenelemente und die Vitamine des B-Komplexes.)

Eine Windmühle neben dem Mehl bedeutet: frisch gemahlenes Mehl
aus dem ganzen Korn, entweder Weizen oder Dinkel. ✿ Nur im Vollkorn ist nämlich
der wertvolle Getreidekeim bewahrt, der viele Vitamine und Mineralien
enthält und die Kleie, die wichtig ist für die Verdauung.

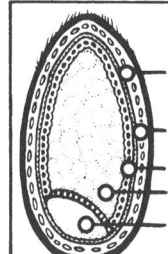

Brote, Kuchen, Müslis, Süßigkeiten – alles kann man mit Vollkorn
zubereiten. Das gemahlene Getreide sollte immer so frisch wie möglich verwendet
werden, da es sehr schnell an Wert verliert. Es gibt Getreidemühlen
für den Hausgebrauch zu kaufen, kleine handgetriebene und größere elektrische.
Ganz toll ist eine Haferquetsche. Damit könnt ihr ruckzuck eure eigenen
Haferflocken quetschen.

Immer das Mehl aus dem ganzen Korn verwenden,
auch für Gebäck und Eierkuchen.

Getrocknete Rosinen, Feigen, Datteln, Aprikosen, Nüsse ungeschwefelt,
Zitronen unbehandelt verwenden.

☼ Frugola ist eine gekörnte Brühe mit Hefeextrakt, die wie
Fleischbrühe verwendet wird.

☼ Kräutersalz würzt delikat Suppen und Saucen, Salate und Gemüsegerichte.

☼ Agar-Agar ist ein aus Meeresalgen hergestelltes Pulver. Es kann
ungefähr 50mal soviel Flüssigkeit aufnehmen, wie es selbst wiegt! Es ist sehr gesund für
den ganzen Körper, und man kann daraus prima Puddinge und Gelees herstellen.

Als ich über gesunde Ernährung noch nicht so gut Bescheid wußte, habe ich
auch mal mit Ahornsirup oder Birnendicksaft gesüßt. Aber dann hat mein Frauchen
eine Ausbildung als Gesundheitsberaterin bei dem berühmten Ernährungswissenschaftler
Dr. Bruker gemacht und gesagt: Fettucini – in die Vollwertküche gehören
keine in der Fabrik hergestellten Nahrungsmittel. Also raus damit aus der Küche!
Alles soll so natürlich sein wie möglich!
Und darum wird in meinen Rezepten immer mit Honig oder getrockneten
Früchten gesüßt statt mit Zucker, der nur dick macht und Zähne
und Knochen schädigt.

Den Honig solltet ihr im Wasserbad (siehe S. 9) möglichst
nicht über 40 Grad erhitzen, weil sonst viele gute Stoffe in ihm kaputtgehen.
Beim Backen ist das allerdings nicht zu vermeiden.

Leider sind aber auch Honig und Trockenfrüchte Zahnschmelzräuber, und
man muß sich nach dem Schmausen die Zähne putzen.

Interessiert ihr euch für Autos? Dann wißt ihr, wie wichtig es ist,
daß der Motor den richtigen Treibstoff bekommt. Stellt euch mal vor, ihr füllt Öl
in den Tank statt Benzin! Euer Auto bleibt sofort stehen.
Ähnlich ist es in eurem Körper. Der funktioniert auch viel besser, wenn
er mit dem richtigen Treibstoff gefüttert wird, wenn ihr die richtigen Dinge eßt.
Und dabei sollen euch meine Rezepte helfen.

Vitamine, Kohlenhydrate und Eiweiß

Dürfen wir uns vorstellen? – Wir sind die *Vitamine!*
Wir heißen A wie Anton, B wie Berta, C wie Christa, D wie Dora – und wir sorgen
dafür, daß es euch gut geht!

Vitamin A: Ich pflege eure Augen und eure Haut – und komme vor in:
Butter, Käse, Milch, Karotten, Spinat, Eiern, Salat ...

Vitamin B: Ich bin ganz wichtig für eure Nerven!
Damit ihr in der Schule nicht zappelt und gut lernt und immer gute Laune habt!
Mich gibt's in allem, was aus Vollkorn ist: Vollkornbrot und
Vollkornkuchen, Müslis, Vollkornreis ...

Vitamin C: Vor mir rückt jede Erkältung aus! Und essen könnt
ihr mich in allen Gemüsen und Früchten: im Salat, im Spinat, in der Orange, im
Holundersaft, in der Hagebutte ...

Vitamin D: Wenn ich fehle, kriegt ihr schwache Knochen und Zähne.
Und ich stecke in: Milch, Butter, Käse, Eiern ...

Halihalo, ich bin zwar kein Vitamin, aber auch sehr wichtig:
ich bin das *Kohlenhydrat!* Und ich wirke auch wie Kohle, ich kurble die Verbrennung
an, ich sorge dafür, daß euer Stoffwechsel gut funktioniert.
Ihr findet mich in Honig, Trockenfrüchten, Vollkornprodukten ...

Huhu, ganz wichtig bin auch ich, wenn ich mich auch erst am Schluß
zu Wort melde: ich bin das *Eiweiß!* Und wo könnt ihr mich essen? Natürlich in der
Milch und in allem, was aus ihr gemacht wird, also in Quark, in Sahne, in Käse –
aber auch in Eiern komme ich vor, in Nüssen und Mandeln und in grünen Blättern.

Jetzt fängt das schöne Frühjahr an

Jetzt fängt das schöne Frühjahr an – die Zeit der schmutzigen Füße!
pflegt mein Frauchen Barbara zu sagen.
Wenn der Schnee schmilzt und der Erdboden ein einziger Matsch ist, sind meine Füße
am schmutzigsten. Barbara wischt mir jede Pfote einzeln mit einem nassen Lappen ab,
bevor ich ins Bett darf. Das mag ich gar nicht. Aber manchmal vergesse ich zu überlegen,
ob meine Pfoten diesmal dreckig sind oder nicht, und schwups! bin ich durch das
offene Schlafzimmerfenster direkt ins Bett gesprungen. Dann ist natürlich
die ganze Bettwäsche ruiniert.
Warum habe ich Schafskopf auch das Fenster offen gelassen! schimpft Barbara dann.
Nicht auf mich – auf sich selbst. Dabei ist sie gar kein Schaf.
Die Sonne scheint jeden Tag wärmer und die ganze Welt ist voll lieblicher Düfte –
ach du mein liebes Schnurrhaar, kann das Leben schön sein!

1. Jetzt fängt das schö - ne Früh-jahr an, und al - les fängt zu blü - hen an auf grü - ner Heid' und ü - ber - all.

2. Es blühen Blümlein auf dem Feld,
sie blühen weiß, blau, rot und gelb;
es gibt nichts Schön'res auf der Welt.

3. Jetzt geh' ich über Berg und Tal,
da hört man schon die Nachtigall
auf grüner Heid' und überall.

Eßt ihr ebenso gern Nudeln wie ich? Ich kenne kein Kind, das nicht gerne Nudeln ißt. Aber ich möchte wetten, ihr habt noch nie Nudeln selbst gemacht! Wollt ihr's mal probieren?

Fettucinis selbstgemachte Nudeln

Ihr braucht dazu:

500 g Weizen- oder Dinkelvollkornmehl
5 Eier
3-4 EL Wasser oder Milch
1 TL Salz
etwas Mehl zum Ausrollen

An Geräten braucht ihr:

Teigrührschüssel, Eßlöffel, Teelöffel, Kochlöffel, Nudelholz, Messer

Und so wird's gemacht:

Das Mehl in die Schüssel schütten, in die Mitte des Mehls eine Mulde machen. Dahinein unter Rühren die Eier geben. Das Wasser oder die Milch und das Salz unterrühren.

Alles gründlich mit den Händen verkneten. Der Teig muß am Schluß ganz glatt und elastisch sein und braucht nun eine halbe Stunde Ruhe.

Danach rollt ihr ihn mit dem Nudelholz auf einem bemehlten Brett oder auf dem Küchentisch möglichst dünn aus, nur einige Millimeter dick. Dann schneidet ihr ihn mit einem scharfen Messer in ungefähr einen halben Zentimeter breite Streifen. Die Nudeln müssen jetzt 30 Minuten trocknen. Ihr könnt sie auch aufhängen, zum Beispiel über einen Kochlöffelstiel. Die getrockneten Nudeln kann man ein paar Tage aufheben, bevor man sie weiter verwendet.

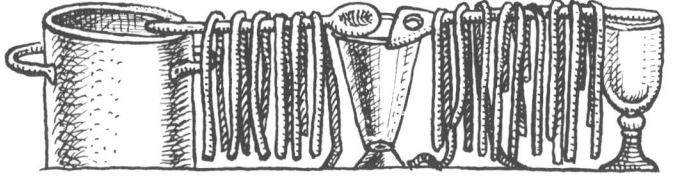

Ich habe drei prima Nudelrezepte für euch, zwei *salzige* und ein *süßes*. Hier kommt erst einmal ein *salziges*, genannt nach einem berühmten Koch in Rom.

Fettucine Alfredo

Ihr braucht dazu:

500 g Nudeln (möglichst die selbstgemachten)
1 EL Salz
1 EL Öl
100 g Butter
¼ Liter süße Sahne
200 g frisch gemahlenen Käse (am besten Parmesan)
Salz und Pfeffer

An Geräten braucht ihr:

Kochtopf, Eßlöffel, Gabel, Sieb, Reibeisen

Und so wird's gemacht:

Einen großen Topf mit Wasser, dem EL Salz und dem EL Öl aufsetzen. Durch das Öl kleben die Nudeln später nicht zusammen.

Wenn das Wasser kocht, schüttet ihr die Nudeln hinein, rührt vorsichtig mit einer Gabel um und stellt die Hitze kleiner.

Nach etwa 10 Minuten sind die Nudeln gar, sie dürfen nicht pappig werden. Die Italiener nennen das *al dente*.

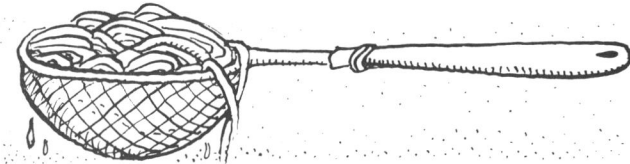

Nudeln in ein Sieb schütten und das Wasser ablaufen lassen, dann die Nudeln zurück in den Topf geben und den Topf wieder auf den Herd stellen. Butter zugeben und schmelzen lassen. Die Sahne hinzufügen und dabei die Nudeln mit der Gabel wenden, damit sie nicht anbrennen. Zum Schluß den geriebenen Käse untermischen. Alles muß schön heiß sein!

Vielleicht muß noch ein bißchen Salz dran?

Oder ihr dreht einmal die Pfeffermühle drüber!

Das zweite *salzige* Rezept:

Nudeln kunterbunt

Ihr braucht dazu:

500 g Nudeln (möglichst die selbstgemachten)
1 EL Salz
1 EL Öl
2 Zucchini
1 Dose Maiskörner
1 Tasse junge Erbsen (eventuell auch tiefgefroren)
2 EL Sonnenblumenöl
2 EL Butter oder Pflanzenmargarine
1 Knoblauchzehe
1 TL Kräutersalz
nach Geschmack frisch geriebenen Parmesan

An Geräten braucht ihr:

Messer, 3 Kochtöpfe, Knoblauchpresse, Reibeisen, Sieb, Eßlöffel, Teelöffel

Und so wird's gemacht:

⚠ Die Nudeln wie im vorigen Rezept garen und abgießen. Inzwischen die Zucchini waschen und in Scheiben schneiden (Spitze und Stielende wegschneiden).

In einem Topf das Öl heiß machen, Knoblauchzehe schälen und durch die Knoblauchpresse in das Öl drücken, Zucchinischeiben zugeben und goldgelb braten.

Kräutersalz drüberstreuen.

Die Dose Maiskörner öffnen, den Mais in einem Sieb abtropfen lassen und mit den Erbsen und 1 EL der Butter in einem zweiten Kochtopf erhitzen.

Eine flache Schüssel vorwärmen und Tisch decken.

Den zweiten EL Butter unter die Nudeln geben und noch einmal erhitzen.

Nudeln auf die vorgewärmte Schüssel häufen, darauf einen Kranz Zucchinischeiben, in die Mitte das Mais-Erbsengemüse, Parmesan drüberstreuen.

Die kunterbunten Nudeln könnt ihr auch noch mit einer *Tomatensauce* verfeinern.

Tomatensauce

Dazu braucht ihr:

2 Zwiebeln
2 Knoblauchzehen
4 EL Sonnenblumenöl
10 EL Tomatenmark
2 Lorbeerblätter
½ TL Oregano (wilder Majoran)
1 Streifen Zitronenschale
Kräutersalz und Pfeffer nach Geschmack
einige EL Wasser

An Geräten braucht ihr:

Messer, Brett, Kochtopf, Kochlöffel, Eßlöffel, Teelöffel

Und so wird's gemacht:

Die Zwiebeln und die Knoblauchzehen enthäuten und fein hacken.

Das Öl in dem Topf erhitzen und darin Zwiebeln und Knoblauch goldgelb dünsten.

Die übrigen Zutaten zugeben und schwach kochen, bis die Sauce sämig (dickflüssig) ist. Dann Lorbeerblätter und Zitronenschale herausnehmen.

Sauce über die Nudeln geben.

17

Und nun ein köstlicher Nachtisch:

Süße Nudeln wie im Schlaraffenland

– Für ein Hauptgericht nehmt ihr die doppelte Portion, dann werdet ihr bestimmt satt.

Dazu braucht ihr:

250 g gekochte Nudeln (möglichst die selbstgemachten)
eventuell etwas Sahne
50 g gemahlene Nüsse
50 g gemahlenen Mohn
2 EL Honig
3 EL Marmelade
Butterflöckchen
Zimt
Fett zum Einfetten der Form
dazu Fruchtsaft

An Geräten braucht ihr:

feuerfeste Form, Eßlöffel, Messer

Und so wird's gemacht:

Die feuerfeste Form gründlich einfetten.
Backrohr auf 200 Grad vorheizen.
Eine Lage Nudeln in die Form schichten (wenn sie sehr trocken sind, etwas Sahne drübergießen).
Die gemahlenen Nüsse mit dem Mohn, dem Honig und der Marmelade mischen.

Eine Lage davon auf die Nudelschicht geben, darauf wieder Nudeln und so weiter abwechselnd, bis alles aufgebraucht ist. Mit der Nuß-Mohn-Honig-Marmeladeschicht abschließen und Butterflöckchen draufsetzen.
Form auf den Rost stellen, auf die mittlere Schiene des Ofens schieben und 20 Minuten backen.
Mit Zimt bestreuen und Saft drübergießen.

Frühlingssuppe Meister Lampe

In meiner Frühlingssuppe ist natürlich kein Meister Lampe drin. Der würde sie nur sehr gern fressen! Denn sie enthält alles, was er gern knabbert: Gemüse quer durch den Garten.

Dazu braucht ihr:

1 Kilo Gemüse [zum Beispiel: 1 kleinen Blumenkohl,
2 Stangen Lauch (Porree), 1 Petersilienwurzel, 2 Karotten,
2 Kohlrabi, ½ Sellerie, 1 Handvoll grüne Bohnen (auch
tiefgefroren), 1 Handvoll junge Erbsen (auch tiefgefroren)]
¾ Liter Wasser
1 TL Kräutersalz
1 Prise Pfeffer
dazu an Gewürzen, was euch schmeckt (zum Beispiel:
2 Lorbeerblätter, Thymian, Liebstöckel, Rosmarin, Knoblauch, viel Petersilie)
frisch geriebenen Käse nach Geschmack, möglichst
Parmesan

An Geräten braucht ihr:

Bürste, Messer, großer Kochtopf, Kochlöffel, Reibeisen,
Knoblauchpresse, Brett, Eßlöffel

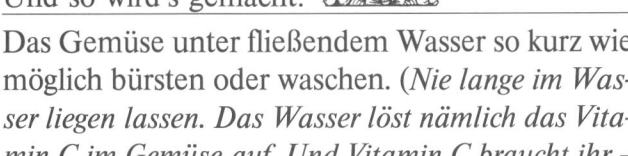

Und so wird's gemacht:

Das Gemüse unter fließendem Wasser so kurz wie
möglich bürsten oder waschen. (*Nie lange im Wasser liegen lassen. Das Wasser löst nämlich das Vitamin C im Gemüse auf. Und Vitamin C braucht ihr – wozu? (Antwort auf Seite 12)*
Den Blumenkohl mit dem Messer in einzelne Röschen zerlegen, den Strunk übriglassen. Den Lauch
besonders gründlich waschen, er ist oft sehr sandig,

und in Ringe schneiden. Die Petersilienwurzel und
die Karotten schaben und in Scheiben schneiden.
Kohlrabi und Sellerie schälen, alles Holzige wegschneiden, und dann in Würfel oder dünne Stifte
schneiden. Die Bohnen an beiden Enden etwas
»köpfen« und in etwa 5 Zentimeter lange Stücke
schneiden. (Sollten die Bohnen Fäden haben, die
Fäden an beiden Seiten abziehen.) Die jungen
Erbsen (Schoten) werden nicht mitgekocht, sondern erst zugesetzt, wenn das übrige Gemüse gar
ist.
Das vorbereitete Gemüse in einen großen Topf
schütten, das Wasser drübergießen. Kräutersalz
und Gewürze zugeben (außer Petersilie), Deckel
drauf – und bei mittlerer Hitze ganz sacht
dünsten – es darf nur gerade ein bißchen brodeln!
Nach 15 Minuten ist das Gemüse gar und noch
schön knackig.
Die jungen Erbsen zugeben und, wer mag, durch
die Presse gedrückten Knoblauch und noch einmal
erhitzen. Abschmecken – fehlt etwas Kräutersalz?
Eine Spur Pfeffer?
Petersilie hacken und über die Suppe streuen.
Und bei Tisch gibt sich jeder nach Geschmack geriebenen Käse drüber.

In Meister Lampes Frühlingssuppe ist
absichtlich kein Fett. Die Leute werden
immer dicker und dicker, aber wir wollen
ja schlank und drahtig bleiben, damit wir
wetzen können wie Meister Lampe!

Im Frühling, wenn die jungen Löwenzahnblätter aus der Erde sprießen, wenn Brennesseln, Sauerampfer und Brunnenkresse noch ganz zart sind – dann läßt sich daraus ein phantastischer Salat bereiten. Die Zigeuner sind so fit, heißt es, weil sie zum Frühlingsanfang diesen Salat essen.

Die Löwenzahnblätter ziehen soviel unnötiges Wasser aus dem Körper, daß sie in Frankreich einen ulkigen Namen haben: pissenlit – das heißt übersetzt: mach-ins-Bett!

Zum Muttertag macht ihr eurer Mutter sicher eine große Freude mit einem

Kresseherz

Zigeunersalat

Dazu braucht ihr:

1 Handvoll Löwenzahnblätter
1 Handvoll Brennesselblätter
1 Handvoll Sauerampferblätter
1 Handvoll Brunnenkresseblätter

Für die Sauce:

2–3 EL Sonnenblumenöl
1 oder 2 Joghurt
½ TL Kräutersalz
1 EL Zitronensaft
eventuell etwas Sahne

An Geräten braucht ihr:

Schere, eventuell Gartenhandschuhe, Brett, Messer, Zitronenpresse, Salatbesteck, Eßlöffel, Teelöffel

Dazu braucht ihr:

Alufolie
Watte
Kressesamen
Wasser

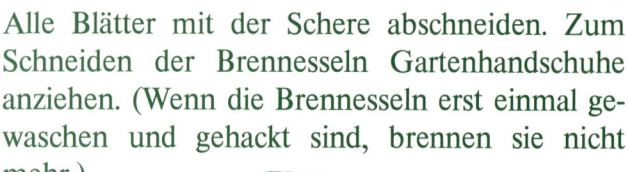

Und so wird's gemacht:

Alle Blätter mit der Schere abschneiden. Zum Schneiden der Brennesseln Gartenhandschuhe anziehen. (Wenn die Brennesseln erst einmal gewaschen und gehackt sind, brennen sie nicht mehr.)

Blätter unter fließendem Wasser kurz waschen, trocken schwenken und hacken (die Brennesseln fein, die übrigen Wildkräuter grob).
Eine Sauce aus den angegebenen Zutaten rühren, Wildkräuter hineingeben und wenden.
Man kann auch noch etwas Schlagsahne unterziehen, dann wird der Geschmack lieblicher.

Und so wird's gemacht:

Die Alufolie knifft ihr so, daß ein Herz entsteht mit einem etwa 3 Zentimeter hohen Rand.
In das Aluherz kommt eine Lage Watte.
Darauf gebt ihr tropfenweise Wasser, die Watte muß gleichmäßig feucht sein, darf aber nicht vor Nässe triefen.

Nun verteilt ihr den Kressesamen auf die feuchte Unterlage.
Jeden Tag muß tropfenweise Wasser zugegeben werden.
Nach einigen Tagen beginnt die Kresse zu sprießen, und nach einer Woche habt ihr ein grünes Kresseherz. Also rechtzeitig säen!

Sonnenblumen

könnt ihr im April im Garten, auf dem Balkon oder im Blumentopf säen. Sie blühen vom Juli bis in den September. Manche Sorten werden bis zu 3 Meter hoch, die eignen sich natürlich nicht für Balkon und Blumentopf. Verlangt in der Samenhandlung die für euch passende Sorte.

Die Kerne mit einem Abstand von 60 cm in die Erde setzen. Viel gießen!

Nachdem euch die Sonnenblume mit ihrer Blüte erfreut hat, beschert sie euch noch ihre herrlichen Früchte: die Kerne. Macht es den Vögeln nach: harte Schale aufbeißen, den Kern essen! Den Löwenanteil der Ernte sollen aber eure gefiederten Freunde erhalten. Und damit sie den Winter gut überstehen, baut ihnen doch eine

Meisenglocke

Einen Stock so zuspitzen, daß er durch das Loch eines Blumentopfes gesteckt werden kann. (Wenn er es nicht ganz ausfüllt, die Zwischenräume von innen mit Papier zustopfen.)

Kokosfett in einer Pfanne erhitzen, Sonnenblumenkerne druntermengen.

Die etwas abgekühlte Masse in den Blumentopf gießen und fest werden lassen.

Die Meisenglocke wird dann im Baum oder auf dem Balkon aufgehängt. Wenn ihr mehrere Meisenglocken baut, habt ihr den ganzen Winter Freude an den vielen Vögeln, die sich einstellen, und werdet im nächsten Frühling durch den schönsten Gesang belohnt.

ich brauche viel Sonne und viel Wasser!

Gesund & köstlich in der Tat: vor dem Hauptgang ein Salat!

Die Kresse schmeckt sehr gut im Salat oder auf Butterbrot. Und sie ist sehr gesund, weil sie viel Eisen enthält. Das ist für alle Menschen gut, ganz besonders für die Mutter, die ja ein sehr anstrengendes Leben hat!

21

♥ Schiefer Pfannkuchenturm von Pisa

An Geräten braucht ihr:

Kochtopf, Kochlöffel, Pfanne (Durchmesser etwa 18 cm), Handrührgerät mit Schüssel, Eßlöffel, Schöpfkelle, 1 geraden Topfdeckel, Messer, Kuchenpinsel, Tortenplatte oder großen Teller mit Rand

Pisa ist eine Stadt in Italien. Dort steht ein runder, 55 Meter hoher Turm: der schiefe Turm von Pisa. Während der Bauarbeiten senkte sich der Boden, und der Turm wurde schief.
So steht er nun schon über 800 Jahre!
Euer Pfannkuchenturm – er wird hoffentlich nicht ganz so schief – macht 4 sehr hungrige Kinder satt.

Dazu braucht ihr:

250 g Weizen- oder Dinkelvollkornmehl
2 Eier
$^1/_4$ Liter Milch
$^1/_4$ Liter Mineralwasser
1 Prise Salz
2 EL Butter
Sonnenblumenöl zum Backen

Für die Fülle:

5 Äpfel
1 Pfund Beeren (Himbeeren, Erdbeeren, Blaubeeren oder Johannisbeeren)
2 Mandarinen (oder 1 Orange)
4 EL Honig
1 Päckchen Mandelblättchen
$^1/_4$ Liter Schlagsahne

Und so wird's gemacht:

Mehl in die Rührschüssel schütten. Nach und nach die Eier, dann Milch, Mineralwasser, Salz und die in der Pfanne geschmolzene Butter unterrühren. Teig gut mit dem Handrührgerät verrühren.
In der Pfanne etwa $^1/_2$ EL Öl erhitzen, eine Schöpfkelle voll Teig in das heiße Fett geben und die Pfanne so drehen und schräg halten, daß der Teig sich gleichmäßig verteilt.

immer schön in eine Richtung rühren!

Ist der Pfannkuchen unten goldgelb, wird er umgedreht. Das macht man so: einen geraden Topfdeckel mit etwas Öl einschmieren. Den Deckel auf die Pfanne setzen, Deckel und Pfanne gemeinsam kippen, so daß der Deckel nun unten ist und die gebackene Seite des Pfannkuchens oben. Pfanne wieder auf den Herd setzen. Etwas Öl hineingeben und den Pfannkuchen vom Deckel in die Pfanne gleiten lassen.

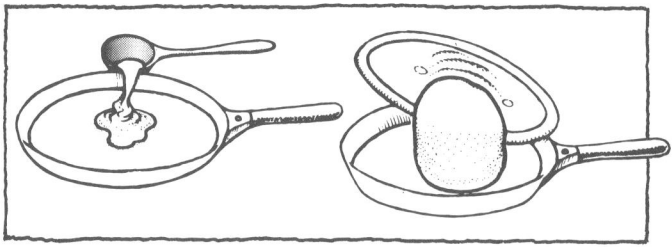

Wenn beide Seiten goldgelb sind, ist der erste Pfannkuchen fertig.

Im Backofen warmstellen und die anderen Pfannkuchen genauso backen.

Die Teigmenge ergibt etwa 10 Stück. Ihr könnt euch beim Backen ablösen.

Die anderen Kinder bereiten inzwischen die Füllung vor:

Die Äpfel schälen und in kleine Würfel schneiden.

Die Mandarinen schälen und in Spalten teilen.

Die Beeren waschen, wenn sie zu groß sind durchschneiden, dann mit den Apfelwürfeln und Mandarinenspalten mischen.

Statt Beeren könnt ihr auch entsteinte Pflaumen oder Kirschen nehmen, Weintrauben, Bananen, oder Ananas. Und unter die Sahne könnt ihr etwas Kakaopulver streuen oder Zimt!

Alles vorsichtig im Kochtopf erhitzen.

Die Schlagsahne mit 1 EL Honig steifschlagen.

Die Tortenplatte oder den Teller im Backofen vorwärmen. Sind alle Pfannkuchen gebacken, den ersten auf die Tortenplatte heben und dünn mit Honig bepinseln (eventuell den Honig dafür etwas anwärmen). Eine dünne Lage Schlagsahne draufgeben, darauf eine Lage warme Beeren-Apfel-Mandarinenmischung.

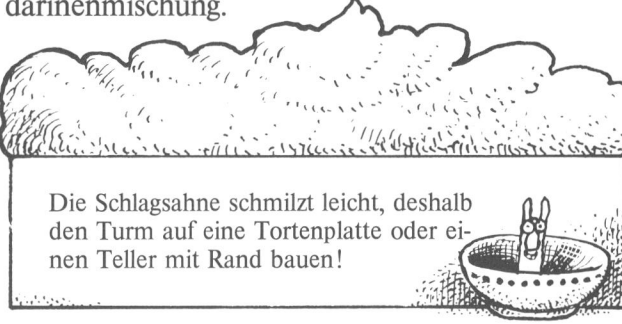

Die Schlagsahne schmilzt leicht, deshalb den Turm auf eine Tortenplatte oder einen Teller mit Rand bauen!

Den zweiten Pfannkuchen drauflegen, wieder mit Honig bestreichen, eine Lage Schlagsahne draufgeben und eine Schicht Obstmasse, bis alles aufgebraucht ist. Als letztes muß ein Pfannkuchen kommen. Der wird wieder mit Honig bepinselt, und darauf streut ihr die Mandelblättchen.

Euer Pfannkuchenturm von Pisa wird wie eine Torte in Stücke geschnitten und sofort gegessen.

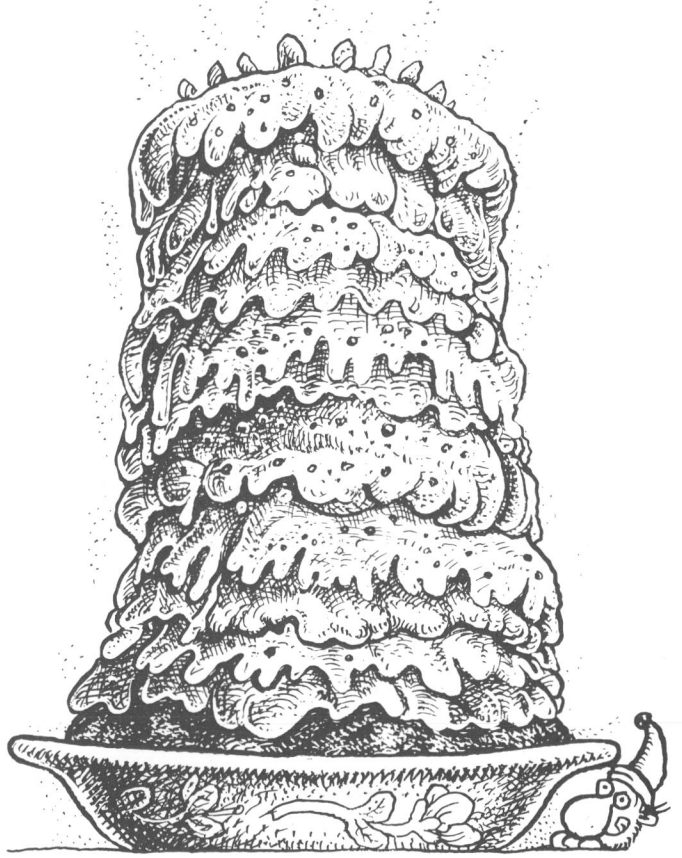

Apfelmus-Nachtisch Ruckzuck

Dazu braucht ihr:

4 EL Sesamsamen, 4 EL Vollkornbrösel
ungefähr 100 g Butter
8 EL Apfelmus
$^1/4$ Liter Schlagsahne
ungefähr 1 EL Honig

An Geräten braucht ihr:

Pfanne, Gabel, Handrührgerät mit Schüssel, Eßlöffel

Und so wird's gemacht:

Sesam und Brösel in der heißen Pfanne ohne Fett unter Schütteln rösten. (Ihr könnt auch noch gemahlene Mandeln oder Nüsse mitrösten!)
Das Fett hinzufügen und alles mit der Gabel miteinander vermischen, so daß sich Streusel bilden (vielleicht ist noch etwas mehr Fett nötig). Schlagsahne mit dem Honig steifschlagen.
Am hübschesten sieht der *Ruckzuck* aus, wenn ihr ihn für jedes Kind extra in einem Glas anrichtet: eine Schicht Streusel hineingeben, eine Schicht Apfelmus, etwas Schlagsahne, darauf wieder Streusel, Apfelmus, Schlagsahne und so fort – als Krönung des Ganzen ein Schlagsahnehäubchen draufsetzen.

Makronen Sesam-Öffne-Dich

Dazu braucht ihr:

125 g Butter
2 Eier
4 EL Honig
300 g Weizen- oder Dinkelvollkornmehl
100 g Rosinen
2–3 EL Milch
1 Prise Zimt
100 g Sesam
ergibt ein Kuchenblech mit etwa 35 Stück

An Geräten braucht ihr:

Handrührgerät mit Schüssel, Backblech, Teelöffel, Eßlöffel

Und so wird's gemacht:

Mit dem Handrührgerät die Butter schaumig rühren. Unter weiterem Rühren die Eier, den Honig, das Mehl in kleinen Portionen, die gewaschenen Rosinen, die Milch, den Zimt und den Sesam zugeben.
Backofen vorheizen auf 180 Grad.
Das Backblech dünn einfetten.
Mit dem Teelöffel kleine Häufchen der Makronenmasse auf das Blech setzen.
Blech auf die mittlere Schiene des Ofens schieben, und die Makronen 20–25 Minuten backen.

Tra, ri, ra – der Sommer, der ist da!

Den Sommer habe ich am liebsten. Im Garten liegen und sich die Sonne
auf den Pelz brennen lassen ist echt cool. In der Mittagshitze ist es ganz still,
nur die Bienen summen und im Gras sirren kleine Käfer. Manchmal kitzelt
eine Glockenblume meine Nase, und ich muß niesen.
Auch unsere Hunde liegen im Sommer gern faul in der Sonne.
Die kleine schwarze Pudelspitzmischung Lilly liebt es, wenn ich ihr das Ohr lecke.
Dann schließt Lilly die Augen vor Wonne.
„Ist denn das die Möglichkeit!" sagen die Leute, wenn sie uns so sehen.
„Gar nicht wie Hund und Katz!"
Hunde und Katzen müssen gar nicht spinnefeind sein. Zuerst hatten wir Angst
voreinander. Aber wir haben uns ausgesprochen über unterschiedliche Verhaltensweisen.
Und seitdem leben wir friedlich zusammen.
Wenn unser Frauchen in den Wald zum Himbeeren pflücken geht, marschieren wir
alle hinterher. Schon weil wir wissen, jetzt gibt es Himbeereis mit Honigschlagsahne.
Auf die Himbeeren kann ich persönlich verzichten,
aber die Honigschlagsahne – mmh!!!

1. Tra, ri, ra, der Sommer, der ist da! Wir wollen in den Garten und auf den Sommer warten. Ja, ja, ja, der Sommer, der ist da!

2. Tra, ri, ra, der Sommer, der ist da!
Wir wollen in die Hecken
und wolln den Sommer wecken.
Ja, ja, ja, der Sommer, der ist da!

3. Tra, ri, ra, der Sommer, der ist da!
Der Sommer hat gewonnen,
der Schnee, der ist zerronnen.
Ja, ja, ja, der Sommer, der ist da!

Trarira – der Sommer, der ist da – und damit auch die Zeit der Ferien und der Ausflüge.

♥ Ein Picknick

macht am meisten Spaß, wenn man in einer größeren Gruppe ins Grüne zieht. Vielleicht schwingt sich gleich die ganze Familie auf's Rad? Doch so ein Picknick muß gut geplant sein. Hier meine Tips. In die Rucksäcke, Körbe oder Taschen gehören:

altes Zeitungspapier zum Feueranmachen, Streichhölzer
Alufolie
eine kleine Schaufel
eine Schere
eine Rolle Küchenkrepp
ein Grillbesteck
Papiertischtuch, Papierservietten, Pappteller und -becher
Besteck (Messer, Löffel, Gabeln)
Salz und Pfeffer
Öl in einem kleinen Fläschchen
Zitronen
Honig
Thermosflasche mit Saft oder Tee
und natürlich das, was ihr essen wollt:
Kartoffeln, Rote Rüben, Zwiebeln, Tomaten, Maiskolben, Äpfel, Bananen, Salatblätter …

Ein Lagerfeuer darf man nicht überall machen, verboten ist es in Landschaftsschutzgebieten und natürlich auf fremdem Grund, auch wenn er nicht eingezäunt ist. Auf alle Fälle sollten immer Erwachsene dabei sein. Aber vielleicht habt ihr einen Grillplatz im Garten oder auf dem Balkon.
Und sollte es draußen Bindfäden regnen und das Picknick fällt buchstäblich ins Wasser – dann stellt ihr einfach den Herd an (auf 200 Grad) und macht euer Picknick zu Hause in der Küche! Alles auf den Rost gepackt, mittlere Schiene, in den Ofen geschoben – Phantasie muß man haben! *Miau!*

Nun erst recht!

Ohne Fleiß kein Preis, wie Oma Katze immer zu sagen pflegte. Bevor es etwas zu essen gibt, sucht ihr

Mach aber diesmal ein SCHÖNES Foto von uns, Fettucini!

28

einen geeigneten Platz für die Feuerstelle. Der muß ungefähr 15–20 Meter von Häusern, Scheunen, Wald, Gebüsch usw. entfernt sein.

Nun sammelt ihr das Holz: kleine trockene Zweige aus dem Unterholz auf einen Haufen, größere Äste auf einen zweiten. Für die Umrandung eurer Feuerstelle sucht ihr Steine.

Und schon geht's los: Boden im Umkreis von 1 Meter von Gras usw. befreien. Windrichtung prüfen auf Funkenflug und Rauch, damit eure Sitzplätze nachher nicht im Qualm liegen.

Mit der Schaufel – zur Not mit einem Stock – ein viereckiges etwa 15–20 cm tiefes Loch graben. Ausgehobene Erde an der Seite häufeln.

Steine um das Loch schichten.

Feuerstelle aufbauen: zerknülltes Papier in die Mitte, darum pyramidenförmig zuerst das kleine Anmachholz, dann die größeren Äste stapeln. Zeitungen anzünden – von der Seite, aus der der Wind kommt (der Wind treibt die Flamme ins Holz.)

Es muß soviel Holz verbrannt werden, daß die Grube ganz mit Glut gefüllt ist. Und erst, wenn die Glut schon fast nicht mehr rot glüht, kommt das Grillgut hinein, das ihr inzwischen vorbereitet.

Die Kartoffeln und Roten Rüben werden gesäubert – vielleicht in einem Bach – oder einfach mit Küchenkrepp abgerubbelt, die Maiskolben werden von den Blättern, die Zwiebeln von den äußeren Schalen befreit, Tomaten, Äpfel und Bananen in Alufolie gewickelt. Mit der Schere abgeschnittene Wildkräuter wie: Sauerampferblätter, Löwenzahnblätter, Hasenklee, Brennesselspitzen, Brunnenkresse legt ihr auf die Folie, träufelt etwas Öl darauf und streut Kräutersalz drüber, Folie dann zukniffen. Genauso wird's mit Salatblättern gemacht, gut schmeckt Salat gemischt mit Radicchio – allerdings etwas bitter, man muß es mögen.

Nun hinein in die Glut mit euren guten Sachen! Und öfter mit dem Grillbesteck wenden, damit nichts verkohlt und alles gleichmäßig gar wird.

Es brauchen:
Kartoffeln, Rote Rüben und Mais: 1 Stunde – *Stricknadelprobe* (geht natürlich mit jedem Spießchen oder spitzem Messer) machen!
Zwiebeln: ½ Stunde
Tomaten: 15–20 Minuten
Äpfel und Bananen: etwa 20 Minuten
Blätter: 5–10 Minuten

hi hi, das letzte Mal hat er uns ohne Film geknipst!

Wer riskiert zum Zeitvertreib inzwischen den heißen Kartoffelflirt?

♥ Heißer Kartoffelflirt

Alle stellen sich im Kreis auf (bis auf die, die den Grill bewachen!). Einer klemmt sich eine große Kartoffel unters Kinn. Der Nachbar zur Linken versucht nun, die Kartoffel zu übernehmen und sich selbst unters Kinn zu klemmen – ohne dabei die Hände zu benutzen! Wenn es gelingt, gibt er sie auf die gleiche Weise an den Nächsten weiter. Wer die Kartoffel fallen läßt oder beim *Kartoffelflirt* die Hände benutzt, scheidet aus.

Ihr werdet die tollkühnsten Verrenkungen veranstalten und euch scheckig lachen. Wer übrig bleibt, hat gewonnen und darf die erste fertig gebackene Kartoffel verputzen.

Wer's gern süß mag: Äpfel mit Honig beträufeln – Bananen längs durchschneiden, mit Honig und Zitrone beträufeln und aus der Schale löffeln.

Kartoffeln, Rote Rüben und Maiskolben schmekken herrlich mit Butter, Salz und einer Spur Pfeffer, Zwiebeln und Tomaten mit Salz und Pfeffer.

hmm, heiß und lecker!

Ich bin die Kartoffel!
Wie ihr seht, strotze ich vor Gesundheit.
Und mach' euch genauso gesund, wie ich selbst bin! Ich liefere *Kalzium* und *Phosphor* für eure Knochen, *Eisen* für euer Blut.

Soviel *Eiweiß* ist in mir, daß ein Erwachsener nicht mehr braucht als ½ Kilo Kartoffeln und ein Hühnerei, dann hat er genug Eiweiß für den ganzen Tag!

Dazu gibt's eine große Schüssel *Kräuterquark,* den ihr am besten schon zu Hause angemacht habt.

Kräuterquark

Dazu braucht ihr:

1 Kilo Quark (falls der Quark sehr trocken ist, etwas Milch oder Sahne)
Zwiebeln nach Geschmack
viele frische Kräuter (zum Beispiel: Schnittlauch, Dill, Petersilie, Kerbel, Kresse, Radieschen)
Kräutersalz
Kümmel nach Geschmack

An Geräten braucht ihr:

Schüssel, Brett, Messer, Kochlöffel

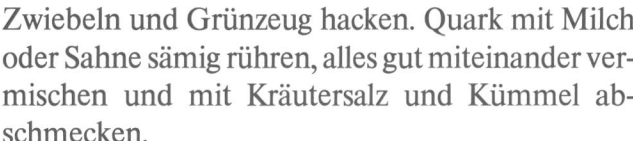

Und so wird's gemacht:

Zwiebeln und Grünzeug hacken. Quark mit Milch oder Sahne sämig rühren, alles gut miteinander vermischen und mit Kräutersalz und Kümmel abschmecken.

Ist das Picknick zu Ende, muß selbstverständlich eure Feuerstelle wieder picobello aussehen. Das heißt: allen Krempel wie Pappteller und sonstige Reste sauber einsammeln – am besten in das Papiertischtuch, das wird einfach zusammengefaltet und im Korb oder Rucksack verstaut.

Und das Feuer gründlich löschen! Mit Wasser oder Erde, bis es nicht mehr zischt. Am Schluß die Erde mit den Füßen feststampfen.

Und weil ich viel *Kalium* enthalte, mach' ich auch schlank, denn Kalium entwässert. Wer schlank ist, kann besser rumtoben und kommt nicht so leicht aus der Puste!

Natürlich hab' ich auch viel *Vitamin C.* Na, und wozu ist *Vitamin C* gut? (Antwort auf Seite 12)

Schöne Fahrt nach Hause und gute Nacht, ihr lieben!

Dir, liebe Frau Nebbich, der schönsten der Zwerghennen im ganzen Land, ist diese Torte gewidmet! Denn sie enthält alles, was du zum Fressen gern hast: einen Teig aus dem vollen Weizenkorn, gut fürs Hirn! – Quark für deine Leber – und viele wohlschmeckende Kräuter! Übrigens: wenn du junge Küken ausgebrütet hast, bist du gar nicht mehr lieb sondern sehr biestig. Da hab' ich ganz schönen Respekt vor dir!

Quarktorte Liebe Frau Nebbich

Dazu braucht ihr:

Für den Mürbteigboden:

250 g Weizen- oder Dinkelvollkornmehl ✤
100 g kalte Butter
1 Ei
2 EL Wasser oder Sahne
1/2 TL Salz

Für den Belag:

1/2 Kilo Quark
3 Eier
2 EL Weizen- oder Dinkelvollkornmehl ✤
1 TL Kräutersalz
1 EL Kapern
1 Zwiebel
1 Handvoll feingehackte, gemischte Kräuter (zum Beispiel: Petersilie, Dill, Schnittlauch, Radieschen, Kresse ...)

An Geräten braucht ihr:

Rührschüssel, 2 Messer, Schüssel für Quark, Handrührgerät mit Schüssel, Brett, Kochlöffel, Springform 28 cm Durchmesser, Gabel, Teelöffel, Eßlöffel

Und so wird's gemacht:

Das Mehl in die Rührschüssel schütten. Die übrigen Zutaten zugeben (Butter in kleinen Stücken) und gut miteinander verkneten, bis sich ein glatter Kloß formen läßt.
Kloß mindestens 1/2 Stunde kaltstellen.
Inzwischen bereitet ihr den Belag vor:
Quark in eine Schüssel geben.
Die Eier trennen (wie, steht auf S. 33), das Gelbe zum Quark geben, das Weiße mit dem Handrührgerät steifschlagen. Die Zwiebel häuten und fein schneiden. Kräutersalz, Kapern, Zwiebel und die gemischten Kräuter unter den Quark mischen. Zum Schluß vorsichtig das steifgeschlagene Eiweiß unterrühren.

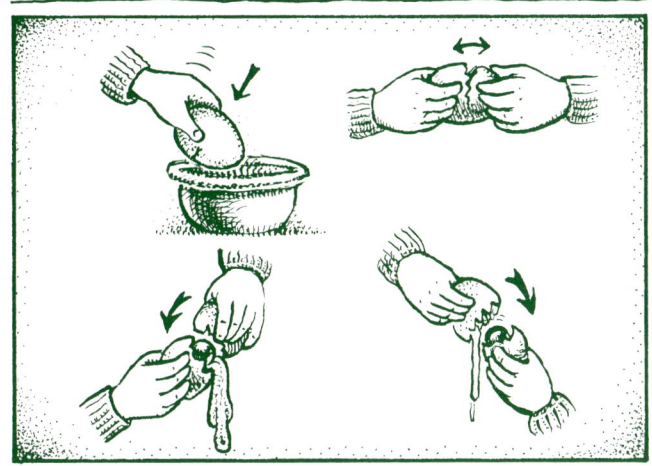

Ofen auf 200 Grad vorheizen.
Eine Springform mit Butter einfetten – auch den Rand.
Den Mürbteigkloß flach und mit den Händen in die Springform drücken, bis ein ganz glatter Boden entsteht, dabei einen kleinen Rand formen, damit die Quarkmasse später nicht auslaufen kann. Mit der Gabel Löcher in den Mürbteigboden stechen.
Quarkmasse auf den Mürbteigboden füllen und glattstreichen.
Springform in den vorgeheizten Ofen auf die mittlere Schiene schieben.
30 Minuten backen.

Variante: Vor dem Backen halbierte Tomaten im Kreis auf die Quarkfülle setzen – eine halbe Tomate in die Mitte – alle mit der Rundung nach oben. Tomaten mit Kräutersalz und Basilikum oder Majoran bestreuen.

als TOMATE fühl ich mich 1/2!

Quarkspeise Schneemann im Sommer

Ihr braucht dazu:

500 g Quark (falls der Quark sehr trocken ist, etwas Milch oder Sahne)
⅛ Liter Sahne
etwa 3 Prisen Naturvanille
2–3 EL Honig
500 g Beeren (auch tiefgefroren, zum Beispiel: Johannisbeeren, Preiselbeeren, Blaubeeren, Erdbeeren, Himbeeren … zur Not auch Kompott oder Marmelade)

An Geräten braucht ihr:

Handrührgerät mit Schüssel, Glasschale, Eßlöffel, Messer

Und so wird's gemacht:

Alle Zutaten außer den Beeren mit dem Handrührgerät schaumig rühren.
Frische Beeren waschen.
In eine Glasschale füllt ihr abwechselnd eine Schicht Quark, eine Schicht Beeren, eine Schicht Quark, eine Schicht Beeren, bis alles aufgebraucht ist.

Im Kühlschrank kaltstellen.
Und dann mit einem Fruchtsaft servieren, zum Beispiel mit Aprikosensaft, super!

♥ Knippern

Dazu braucht ihr:

1 Würfel
2 Gabeln
viel dicke Schnur
viel Packpapier
einen hübschen Preis (zum Beispiel: Nüsse, selbstgebacke-
ne Plätzchen oder Indianerknödel, Bilder, einen bemalten
Stein, eine besonders schöne Muschel, eine Apfelkernkette
… oder was euch sonst einfällt.)
Das Knipper-Paket wird vor der Party gepackt, dann ist die
Überraschung für die Gäste größer!

Und so wird's gemacht:

Den Preis in Packpapier einwickeln und mit Schnur
mit vielen, vielen Knoten verschnüren. Dann
kommt die nächste Schicht Packpapier drum, und
wieder wird mit vielen, vielen Knoten verschnürt.
Ihr könnt 10 oder noch mehr Packpapier- und
Schnurschichten machen. Und dazwischen könnt
ihr natürlich auch noch kleinere Überraschungen
verstecken.

Und nun geht's los! Sind alle da? Dann setzt ihr
euch um den Tisch und würfelt. Wer die höchste
Zahl hat, darf mit dem Knippern beginnen: er
nimmt die beiden Gabeln und löst – *knippert* – so
schnell wie möglich mit den Gabeln einen Knoten
nach dem anderen auf. Hände nehmen ist verboten! Inzwischen würfeln die anderen reihum. Wer
eine 6 würfelt, darf weiterknippern. Und jeder, der
eine Überraschung aus dem Papier wickelt, darf sie
behalten.
Und wer den letzten Knoten aufknippert, kriegt die
allerallerletzte Überraschung.

Rote Grütze Zappelphilipp

Dazu braucht ihr:

½ Liter Obstsaft
1 gestrichenen EL Agar-Agar
etwa 250 g Früchte (auch tiefgefroren, zum Beispiel:
Erdbeeren, Himbeeren, Blaubeeren, Johannisbeeren,
Stachelbeeren, Kirschen, Kiwischeiben, Bananenscheiben,
Apfelsinen- oder Mandarinenspalten …)
2–3 EL Honig nach Geschmack
½ TL Naturvanille
ein paar Tropfen oder mehr Zitronensaft, es kommt darauf
an, wie sauer eure Früchte sind.

An Geräten braucht ihr:

Kochtopf, Messer, Schneebesen, Schüssel, Teller

Und so wird's gemacht:

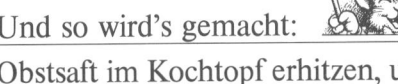

Obstsaft im Kochtopf erhitzen, unter Schlagen mit dem Schneebesen das Agar-Agar hineinstreuen, es darf keine Klumpen bilden. Die in kleine Stücke geschnittenen Früchte zugeben, alles erhitzen – gleich wenn sich Bläschen zeigen, schnell vom Herd nehmen, Honig und Naturvanille unterrühren und abschmecken. – Süß genug? Fehlt noch etwas Honig? Oder ein paar Tropfen Zitronensaft?

HONIG schmeckt klasse!

Eine Schüssel mit kaltem Wasser ausspülen und die Masse hineingießen. Mit dem Erkalten wird die rote Grütze steif, das dauert ungefähr eine Stunde. Dann läßt sie sich auch gut stürzen. Wie das gemacht wird, steht auf S. 9.

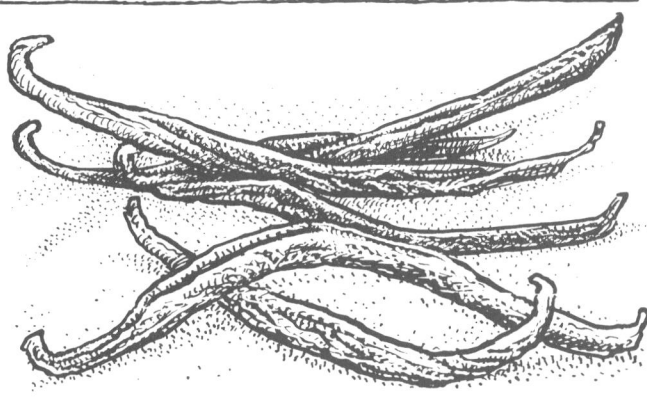

Rote Grütze schmeckt herrlich mit ungeschlagener süßer Sahne oder

Vanillesauce

Dazu braucht ihr:

¼ Liter Milch
3 Prisen Naturvanille
2 Eigelb
2–3 EL Honig nach Geschmack

An Geräten braucht ihr:

Kochtopf, Schneebesen, Eßlöffel, Messer

Und so wird's gemacht:

Im Kochtopf Milch mit Vanille erhitzen.
Die zwei Eier aufschlagen, das Weiße vom Gelben trennen, die beiden Eigelb unter Schlagen mit dem Schneebesen in die Sauce geben, weiterschlagen, bis alles dicklich wird. Dann den Topf vom Herd nehmen – die Masse darf nicht kochen! – und den Honig hinzufügen.
Die Vanillesauce ist fertig.
Ihr könnt sie warm oder kalt über den *Zappelphilipp* gießen. (Beim Erkalten öfter umrühren, damit sich keine Haut bildet.)

Das übriggebliebene Eiweiß könnt ihr zum Beispiel für die *Kokoshütchen Einsame Spitze* (S. 64) verwenden.

Selbstgemachte Briefbeschwerer

– ein tolles Geschenk!

Bringt doch mal von euren Wanderungen Steine mit! Überall findet ihr welche, an Wiesenrändern, Bächen, am Strand. Je glatter die Oberfläche, desto leichter lassen sie sich bemalen. Ihr braucht dazu nicht mehr als Plakafarben oder Filzstifte, Pinsel, Bleistift, Klarlack – und eine Menge Phantasie.

Wie sieht euer Stein aus? Hat er vielleicht den Umriß einer Blume? – Eines Tieres? Dann ist schon die Hälfte der Arbeit getan. Ihr zeichnet mit dem Bleistift euer Wunschbild auf dem Stein vor. Zum Beispiel ein Marienkäferchen. Die Konturen werden mit einem dünnen Pinsel und schwarzer Farbe nachgezogen, dann werden die Felder ausgemalt: die Flügel rot, Kopf und Körper braun, die Beine schwarz.

Stein trocknen lassen.

Nun kommt die Feinarbeit: die schwarzen Pünktchen, Fühler und Augen.

Stein wieder trocknen lassen und mit farblosem Lack überziehen.

♥ T – T – T (Tee – Tee – Tee)

Wem Steine zu schwer sind, der muß trotzdem nicht mit leeren Händen nach Hause gehen: er sucht sich seinen eigenen Tee.

Natürlich sammelt ihr nur, was ihr wirklich gut kennt, und möglichst an abgelegenen Bächen, Wald- und Wiesenrändern, die nicht verschmutzt sind. Klar, daß man nicht das Gras unnötig zertrampelt, die Blüten und Blätter nicht abreißt, sondern mit der Schere abschneidet. Praktisch zum Sammeln sind kleine Körbe.

Die Blättermischung für meinen Lieblingstee besteht aus: Holunderblüten (1), Lindenblüten (2), Brombeerblättern (3), Rosmarinblättern (4), Pfefferminzblättern (5) und Hagebutten (6).

Aber natürlich lassen sich auch unzählige andere Teemischungen zusammenstellen.

Zu Hause werden die Blüten und Blätter auf großen Bogen Papier zum Trocknen ausgebreitet. Wenn sie ganz trocken sind, Blüten und Blätter kleinschneiden oder in der Hand zerrebbeln und in Blechdosen aufbewahren.

Bei den Hagebutten Blüten- und Stielansatz entfernen, die Hagebutten waschen und abtrocknen. Nun mit einem Nudelholz auf einem alten Geschirrtuch oder auf Papier klein walzen und trocknen lassen.

Und so bereitet ihr den Tee zu:

Pro Tasse: 1–2 TL Tee, ¼ Liter Wasser

Tee aus Blüten mit kochendem Wasser aufbrühen.
Tee aus Blättern in kaltem Wasser aufsetzen, aufkochen.

Beides 10 Minuten zugedeckt ziehen lassen, durch ein Sieb gießen, mit Honig und Zitrone abschmecken.

Ihr könnt auch Zitronenmelisse aus dem Garten druntermischen und einige Blättchen Salbei. Statt der Brombeerblätter schmecken auch Himbeerblätter. Und zu allem passen getrocknete Apfelschalen. So ein Kräutertee läßt sich sehr gut in der Thermosflasche zum Picknick mitnehmen – heiß oder eisgekühlt.

Auch wenn ihr Western-Spezialisten seid – *Indianerknödel* kennt ihr sicher noch nicht! Die Indianer haben früher auf ihren Jagdzügen eine Verpflegung mitgenommen, die leicht zu transportieren war und sie trotzdem topfit hielt. Sie haben Weizen frisch gemahlen, mit Wasser verknetet und daraus Kugeln gedreht.

Frisch gemahlenes Vollkorn enthält viel Vitamin B.
Gut für Indianer- und Schulkindernerven!
Die Knödel eignen sich daher besonders gut als Wegzehrung auf euren Kriegspfaden zur Schule.

Ein berühmter Ernährungswissenschaftler, *Eduard Brecht,* hat das Rezept mit Honig und Nußmus verfeinert. Hier ist es:

Indianerknödel

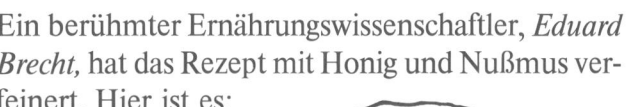

Dazu braucht ihr:

250 g frisch gemahlenen Weizen oder Dinkel
4 EL Honig
1 EL Nußmus

ergibt ungefähr 16–20 *Indianerknödel.*

Und so wird's gemacht:

Alle Zutaten in einer Schüssel miteinander verkneten.
Zwischen den Händen walnußgroße Knödel aus der Masse drehen.

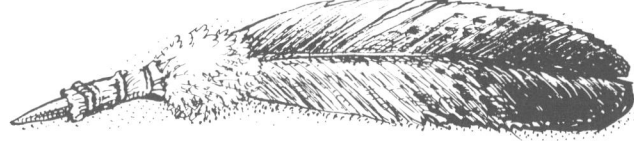

Sind weder Weizen noch Dinkel im Haus, kann man auch Haferflocken nehmen. (Wenn sie sehr grob sind, im Mixer etwas zerkleinern.) In einer heißen Pfanne ohne Fett so lange unter Schütteln rösten, bis sie hellbraun sind.

Manchmal hängt mir meine berühmte Katzenzunge vor Hitze aus dem Hals. Dann träume ich nur von Eis. Hier meine kalte Empfehlung, im Nu gemacht:

Kuß von der Schneekönigin

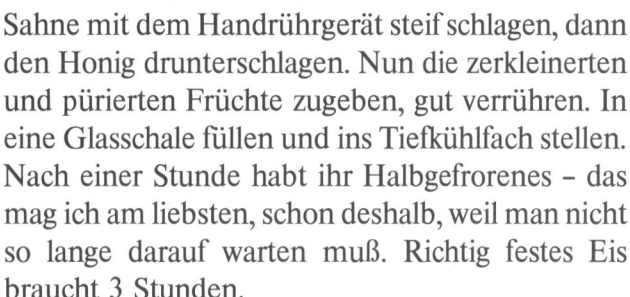

Ihr braucht dazu:

¼ Liter Sahne
1–2 EL Honig
½ Kilo pürierte Früchte [zum Beispiel: Erdbeeren oder Himbeeren (auch gefroren), gehackte Mandeln oder Nüsse, in Würfel geschnittene Aprikosen (frisch oder aus der Dose), entsteinte Kirschen oder Pflaumen, Brombeeren oder Ananas – fast aus allem kann man Eis herstellen.]

An Geräten braucht ihr:

Handrührgerät mit Schüssel, Glasschale, Eßlöffel

Und so wird's gemacht:

Sahne mit dem Handrührgerät steif schlagen, dann den Honig drunterschlagen. Nun die zerkleinerten und pürierten Früchte zugeben, gut verrühren. In eine Glasschale füllen und ins Tiefkühlfach stellen. Nach einer Stunde habt ihr Halbgefrorenes – das mag ich am liebsten, schon deshalb, weil man nicht so lange darauf warten muß. Richtig festes Eis braucht 3 Stunden.
Wenn ihr das Eis stürzen wollt, stellt ihr die Schüssel mit dem Eis kurz in eine größere Schüssel mit heißem Wasser (siehe dann S. 9).
Ihr könnt das Eis schneiden, wenn ihr ein Messer immer wieder in kaltes Wasser taucht.

Eine besondere Delikatesse: 2 EL Sesam kurz ohne Fett in der heißen Pfanne rösten, 1 EL Butter oder Nußmus in 1 EL Honig zugeben, mit der Gabel zu Streuseln bröseln – vielleicht noch ein paar gehackte Mandeln druntermischen – und die abgekühlten Streusel über das Eis geben.

An einem strahlend heißen Sommertag steht keiner gern lange in der Küche, auch die beste aller Mütter nicht. Da wollen alle lieber draußen sein, schwimmen, Ball spielen, rumtoben oder auch einfach faulenzen. Aber auf dem Mittagstisch soll trotzdem etwas Gutes stehen. Ich schlage vor, ihr macht einfach meinen *Stipp-Dipp Pomfritz*. Der geht wie der Blitz und ist ein Spaß für die ganze Familie.
Auf los geht's los!

♥ Stipp-Dipp Pomfritz

Ihr braucht dazu:

1 Kilo Gemüse (nach dem Putzen gewogen). Fast alles eignet sich: Karotten, Sellerie, Kohlrabi, Radieschen, junge Schoten, Blumenkohl, Champignons, Gurken, Zucchini, Tomaten, Fenchel, Paprikaschoten, Broccoli, Kohl – das kann man alles roh essen. Nur grüne Bohnen und Auberginen nicht.
Sonnenblumenöl
Zitronensaft oder Apfelessig nach Geschmack
Kräutersalz
Knoblauch
Zwiebeln
viele Kräuter (zum Beispiel: Petersilie, Dill, Schnittlauch, Kerbel, Brunnenkresse …)

An Geräten braucht ihr:

Messer, Brett, Bürste, Zitronenpresse, Knoblauchpresse

Und so wird's gemacht:

Gemüse mit der Bürste unter fließendem Wasser kurz abschrubben und putzen (Karotten schaben, Sellerie und Kohlrabi schälen, holzige Teile wegschneiden), Paprikaschoten durchschneiden und Kerne herausnehmen.

Das Gemüse einladend bunt auf einem großen Teller anrichten.

Jeder kriegt ein Schälchen und mixt sich am Tisch seinen *Stipp-Dipp-Spezial,* aus Sonnenblumenöl, Essig oder Zitrone, Kräutersalz, gehackten Zwiebeln und Kräutern, eventuell Knoblauch. Gemüse in die Hand nehmen, in die Sauce stippen und hineinbeißen. Na, wie lange habt ihr für den *Pomfritz* gebraucht?

Wenn's etwas Warmes sein soll: schnell geht auch die Schwester von *Stipp-Dipp Pomfritz,*

♥ Potz-Blitz Pomfrida

Dazu braucht ihr:

$3/4$ Kilo Gemüse (vorbereitet wie für Bruder Pomfritz)
2 EL Butter oder Sonnenblumenöl
Curry nach Geschmack, etwa 1 TL
Kräutersalz nach Geschmack, etwa 1 TL
$1/2$ Kilo gekochte Pellkartoffeln (vielleicht vom Vortag)
2–3 EL Sahne oder Milch
1 Handvoll gehackte Kräuter (zum Beispiel: Petersilie, Schnittlauch, Dill, Knoblauch nach Geschmack)
geriebenen Käse, möglichst Parmesan

An Geräten braucht ihr:

Messer, Eßlöffel, Teelöffel, Brett, Bürste, Kochlöffel, Topf, Reibeisen, Knoblauchpresse

Und so wird's gemacht:

Das geputzte Gemüse in dünne Scheiben schneiden oder grob raspeln (von jungen Schoten die Fäden abziehen, Schoten ganz lassen). Die gepellten Kartoffeln in Scheiben schneiden.
In einem breiten Topf Butter oder Öl leicht erhitzen. Curry und Kräutersalz hineinstreuen, leicht bräunen. Die Kartoffelscheiben zufügen, unter Wenden erhitzen. Milch oder Sahne zugießen und das zerkleinerte Gemüse hinzufügen. Flamme ganz klein stellen und so lange ziehen lassen, bis alles durch und durch heiß ist. Das Gemüse bleibt also roh. Noch einmal abschmecken. Gehackte Kräuter und nach Geschmack durch die Knoblauchpresse gedrückten Knoblauch unterrühren.
Bei Tisch streut sich jeder geriebenen Käse über die *Pomfrida.*

> Versucht mal ganz schnell mehrmals hintereinander auszusprechen: stippdipp-pomfritzpotzblitzpomfrida!

Manchmal, wenn wir an einem kalten Wintermorgen aufwachen, sind die Fensterscheiben mit weißen Eiskristallsternchen übersät. Da muß die Eisprinzessin vorübergeflogen sein. Niemand hat sie je gesehen. Aber es heißt, sie ist schneeweiß und reitet auf einem Käuzchen. Das hat weiße Federn und weiße Ohren und weiße Augen. Und hinter der schneeweißen Eisprinzessin auf dem schneeweißen Käuzchen weht ein langer schneeweißer Eiskristallschleier.

Im Sommer versteckt sich die Eisprinzessin im Holunderbusch, weil seine weißen Blütensternchen sie an den fernen Winter erinnern. Es kommt vor, daß das schneeweiße Käuzchen allein fortfliegt. Dann ist die Eisprinzessin traurig. Sie nascht einfach ein paar Holunderblüten – und gleich ist sie wieder fröhlich.

Wollt ihr das auch einmal ausprobieren? Die ganze Familie geht gemeinsam Holunderblüten sammeln – und gemeinsam geht's ans Backen der

♥ Holunderblütenpfannkuchen Eisprinzessin mit warmer Honigsauce

Ihr braucht dazu:

4 Dolden Holunderblüten

Für den Teig:
4 Eier
100 g Weizen- oder
Dinkelvollkornmehl ✽
1/4 Liter Milch
2 EL Wasser
2 Prisen Salz
4 EL zerlassene, abgekühlte Butter

und sonst:
Sonnenblumenöl zum Backen
Honig nach Geschmack für die Sauce

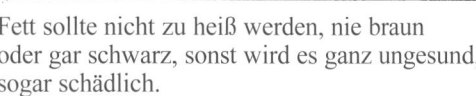

> Fett sollte nicht zu heiß werden, nie braun
> oder gar schwarz, sonst wird es ganz ungesund,
> sogar schädlich.
> Und erhitztes Fett nur einmal verwenden!

An Geräten braucht ihr:

Handrührgerät mit Schüssel, Meßbecher, Eßlöffel, Gabel, Schöpfkelle, Pfanne mit 28 cm Durchmesser, Schälchen für Honig, Küchenkrepp

Und so wird's gemacht:

Die Zutaten für den Teig mit dem Handrührgerät gut vermischen.

Teig 1 Stunde kaltstellen.

Die Blütendolden waschen, alle Stengelchen abschneiden, so daß nur die Blüten übrigbleiben.

Die Holunderblüten in Küchenkrepp abtupfen und mit der Gabel unter den Teig heben.

Das Backfett in der Pfanne erhitzen. Eine halbe Schöpfkelle voll Teig in die Pfanne füllen, Teig sehr dünn zerlaufen lassen. Auf jeder Seite eine Minute backen. (Wenden siehe S. 22).

Die *Eisprinzessinpfannkuchen* mit warmem Honig servieren [pro Kind etwa 1 EL Honig im Wasserbad (siehe S. 9) erhitzen].

Zitronenlimonade Wüste Gobi

Das Wort *Limonade* kommt aus dem Italienischen von *Limone,* Zitrone. Und die *Wüste Gobi* ist eine fast 2000 Kilometer langgestreckte Wüste in Asien, in tausend Meter Höhe gelegen.

Ich war noch nicht dort. Aber ich habe gehört, daß es da mächtige Staubstürme gibt. Wenn man mit trockener Kehle die Karawanenstraßen entlangzieht, träumt man sicher von einer Zitronenlimonade wie dieser.

Ihr braucht dazu:

4 Zitronen (möglichst unbehandelt)
1 Liter Mineralwasser
2 EL nicht zu festen Honig
pro Kind 1 Zitronenscheibe

An Geräten braucht ihr:

Zitronenpresse, Messer, Handrührgerät mit Schüssel,
Eßlöffel

Und so wird's gemacht:

Die Zitronen durchschneiden und auspressen. Den
Saft mit dem Wasser und dem Honig im Handrührgerät mischen.
In jedes Glas eine Zitronenscheibe legen, darauf
die Zitronenlimonade gießen. Kaltstellen.

Etwas ganz besonders Feines ist ein

Mandelmilch- oder Kokosmilchtrunk

Für die *Mandelmilch* braucht ihr:

200 g gemahlene Mandeln
1 Liter Milch
1 EL Honig

Und so wird's gemacht:

Mandeln in der Milch kurz aufkochen. Mandelmilch eine halbe Stunde stehen lassen, abseihen
und mit dem Honig verquirlen.
Oder ganz fix: 1 Liter kalte Milch mit 2–3 EL Nußmus verquirlen.

Auch wenn ihr nicht im Urwald wohnt, wo einem
die Kokosnüsse angeblich nur so auf den Kopf fal-
len, könnt ihr *Kokosmilch* herstellen.

Ihr braucht dazu:

500 g Kokosflocken
1 Liter Milch
1 EL Honig

Zubereitung wie Mandelmilch.

Habt ihr im Wald frische Brombeeren gesammelt?
Oder wachsen welche bei euch im Garten? Sonst
holt ihr sie beim Kaufmann. Auch tiefgefrorene
könnt ihr verwenden für den

Brombeercocktail

Cocktail ist ein englisches Wort und bedeutet Hah-
nenschwanz – *cock* der Hahn, *tail* der Schwanz. Soviele bunte Federn einen Hahn schmücken – soviele bunte Früchte und Säfte könnt ihr zu *cocktails*
mixen.

Ihr braucht dazu:

½ Kilo Brombeeren
1 Liter Johannisbeersaft
2 EL Honig
⅛ Liter Schlagsahne mit etwas Honig steifgeschlagen
für jedes Kind eine besonders schöne Brombeere extra

Und so wird's gemacht:

Brombeeren waschen und mit der Gabel zu Mus
zerdrücken. Honig unterrühren, mit dem Saft verquirlen. In Gläser füllen, ein Schlagsahnehäubchen
draufsetzen und obenauf eine Brombeere.

Statt des Johannisbeersaftes könnt ihr
auch anderen Obstsaft verwenden und
statt der Brombeeren natürlich auch
andere Beeren – Erdbeeren, Stachelbeeren oder Blaubeeren – nur Eisbären
nicht!
Noch ein paar dufte Saftcocktails:
Tomatensaft – mit Karotten- oder Orangensaft gemischt und mit Joghurt verquirlt.
Karotten- und Apfelsaft mit Honig und
Joghurt verquirlt.
Saft von schwarzen oder roten Johannisbeeren mit Apfelsaft und Joghurt verquirlt.

Kinderleicht zu machen sind

Apfelklöße
mit warmer Butter-Honig-Sauce

Ihr braucht dazu:

2 Äpfel
4 EL Milch
2 Eier
Weizen- oder Dinkelvollkornmehl
2 EL Honig
1 TL Salz

Für die Sauce:

2–3 EL Butter
2–3 El Honig

An Geräten braucht ihr:

Messer, Rührschüssel, Teelöffel, Eßlöffel, Kochtopf,
Pfanne, Schöpfkelle

Und so wird's gemacht:

Die Äpfel schälen und würfeln, Kernhaus übriglassen. Würfel in eine Schüssel geben. Dazu die Milch, die Eier, den Honig und soviel Mehl, daß sich ein Teig kneten läßt. Teig eine halbe Stunde ruhen lassen.

Einen breiten Kochtopf mit Wasser und dem Salz zum Kochen bringen.

Mit dem Teelöffel kleine Klöße vom Teig abstechen und zwischen den Händen rund rollen, in das kochende Wasser gleiten lassen. Hitze herunterstellen, die Klöße müssen einige Minuten sachte kochen, nicht zu heftig, sonst gehen sie kaputt!

Wenn sie gar sind, kommen sie an die Oberfläche gekullert.

Inzwischen die Teller anwärmen.

In der Pfanne die Butter zerlaufen lassen, dann den Honig hinzufügen.

Die fertigen Klöße mit dem Schöpflöffel herausnehmen und auf die Teller verteilen. Die warme Butter-Honig-Sauce drübergießen.

> Ihr könnt noch etwas Zimt über die Apfelklöße streuen. Auch heißes Pflaumenmus schmeckt gut dazu.

Fettucinis Müsli

Es ist an meine spitzen Ohren gedrungen, daß es Kinder gibt, die noch nie ein Müsli gegessen haben! Das müssen wir aber schnellstens ändern.

Es gibt zwar schon Fertigmüslis zu kaufen, aber viel gesünder ist natürlich ein selbstgemachtes Müsli, und die Zubereitung macht auch mehr Spaß.

Jedes Kind kann sich sein Lieblingsmüsli zusammenstellen. Die Grundlage ist immer das volle Korn – Weizen oder Dinkel, auch Hirse oder Hafer.

Dazu kommen ein geriebener Apfel, Obst, das gerade auf dem Markt ist, Nüsse, Mandeln, Zitronensaft, Honig, vielleicht auch etwas Schlagsahne.

Schmeckt super und macht topfit für die Schule!

Pro Kind braucht ihr:

2–3 EL Weizen, Dinkel, Hafer oder Hirse
4–5 EL Wasser
1 geriebenen Apfel
Obst der Saison – Erd- oder Himbeeren, Blaubeeren, Birnen, Pfirsiche, Pflaumen, Kiwis, Ananas, Orangen
Im Winter auch mal Trockenobst wie Rosinen, Datteln oder Feigen, über Nacht in Wasser eingeweicht
Etwas Zitronensaft
Nüsse oder Mandeln
Vielleicht eine Spur Honig
Und – das mögt ihr sicher alle: Schlagsahne – mit Honig geschlagen

Und so wird's gemacht:
Vor dem Schlafengehen das Getreide frisch schroten, also grob mahlen (außer Hafer, der wird erst am nächsten Morgen gequetscht, sonst schmeckt er bitter) und in dem Wasser einweichen. Das Getreide saugt sich über Nacht damit voll, so daß am nächsten Morgen ein steifer Brei entstanden ist.

Den gewaschenen Apfel mit der Schale reiben oder in kleine Stücke schneiden, die frischen Früchte zerkleinern und an den Getreidebrei geben, ebenso die restlichen Zutaten.
Guten Appetit!
Das volle Korn enthält viel Vitamin B. Und wozu ist Vitamin B gut? Wer weiß es??? (Antwort auf Seite 12)

Wenn ihr eine Flockenquetsche habt, könnt ihr euch eure eigenen Haferflocken direkt am Frühstückstisch frisch quetschen. Nur kurz mit Wasser benetzen – schon können sie verzehrt werden, nachdem ihr die übrigen Zutaten zugegeben habt. Pferde rennen besonders schnell, wenn sie Hafer gefressen haben. Man sagt auch zu Menschen, die besonders gut drauf sind: Dich hat wohl der Hafer gestochen!

Räuberbrot Zuckeruzzi Krks Krks Krks

Ihr braucht dazu:

pro Kind 1 Scheibe Vollkornbrot
Butter oder Nußmus
1 EL Sesam

An Geräten braucht ihr:

Messer, Pfanne

Und so wird's gemacht:

Das Brot mit der Butter oder dem Nußmus bestreichen. Sesam unter Schütteln in der heißen Pfanne ohne Fett kurz rösten, auf das Brot streuen.
aut das Brot streuen.

Bunt sind schon die Wälder

Im Herbst sind die Bäume ganz in Rot und Gold getaucht.
Manchmal sieht es aus, als ob der Wald brennt. Den Erwachsenen ist oft etwas
wehmütig ums Herz, weil die Blätter bald abfallen und die Natur sich bereit macht
zum Winterschlaf. Aber ich als Kater weiß ja, daß die Tage bald wieder länger
werden. Bisher ist es auch nach einem noch so langen Winter immer Frühling
geworden! Ich habe damit kein Problem. Mir ist jede Jahreszeit recht.
Im Herbst ist der Himmel manchmal so mit Sternen übersät, daß er aussieht,
als hätte er die Masern. Man muß nur die Augen aufmachen,
dann sieht man in jeder Jahreszeit etwas Schönes.

1. Bunt sind schon die Wäl-der, gelb die Stop-pel-fel-der,
und der Herbst be-ginnt. Ro-te Blät-ter fal-len,
grau-e Ne-bel wal-len, küh-ler weht der Wind.

2. Wie die volle Traube
aus der Rebenlaube
purpurfarben strahlt!
Am Geländer reifen
Pfirsiche, mit Streifen
rot und weiß bemalt.

3. Flinke Träger springen,
und die Mädchen singen,
alles jubelt froh!
Bunte Bänder schweben
zwischen hohen Reben
auf dem Hut von Stroh.

4. Geige tönt und Flöte
bei der Abendröte
und im Mondesglanz.
Junge Winzerinnen
winken und beginnen
frohen Erntetanz.

Bunt sind schon die Wälder, gelb die Stoppelfelder
– und der Herbst beginnt.
Bevor aber die grauen Nebel wallen und der Wind
kühler weht: wie wär's, wenn ihr die schönsten bun-
ten Herbstblätter sammelt? Für einen

♥ Blätter-Zoo

Ihr braucht dazu:

1 Bogen Packpapier
Mehlkleister
Pinsel

Und so wird's gemacht:

Zu Hause, am besten auf dem Boden, breitet ihr
Zeitungen aus und darauf eure Schätze. Und nun
beginnt ein spannendes Puzzle: was paßt wozu?
Sieht nicht das lange Löwenzahnblatt aus wie der
Körper eines schlanken Fisches? Das Geranien-
blatt ähnelt doch dem Gesicht eines runden Karp-
fens oder der puscheligen Schwanzquaste eines Lö-
wen. Ein Kleeblatt – vielleicht habt ihr sogar ein
vierblättriges gefunden? – erinnert deutlich an die
Schnute eines Kätzchens oder Eichhörnchens. Die
Hagebutte schaut aus wie ein Fischmaul.
Immer wieder neu probieren, immer wieder neu
die Blätter nebeneinanderlegen, bis eure Tiere Ge-
stalt annehmen. Dann rührt ihr etwas Mehl mit
Wasser zu *Mehlkleister* an, nehmt einen großen Bogen Packpapier und klebt eure Tiere drauf. So kann
allmählich ein ganzer Zoo entstehen. Ein schöner
Wandschmuck für euer Zimmer!

Auch im Sommer könnt ihr natürlich Blätter sammeln. Und eure Tiere müssen ja auch gar nicht aussehen wie im Leben. Warum soll euer Fisch nicht
mal einen Schnabel haben? Das Zebra rot und grün
gestreift sein?
Die frischen Blätter müßt ihr allerdings trocknen,
bevor ihr sie einklebt: Tulpenblätter (gut für Hasen-
ohren!) Blütendolden, Ähren, Farnstengel und
Moospölsterchen, Ahornblätter, das großfingrige
Kastanienblatt und das rote Weinblatt. Am besten
zwischen die Seiten eines alten Telefonbuches legen, dann habt ihr sie gleich alphabetisch geordnet.

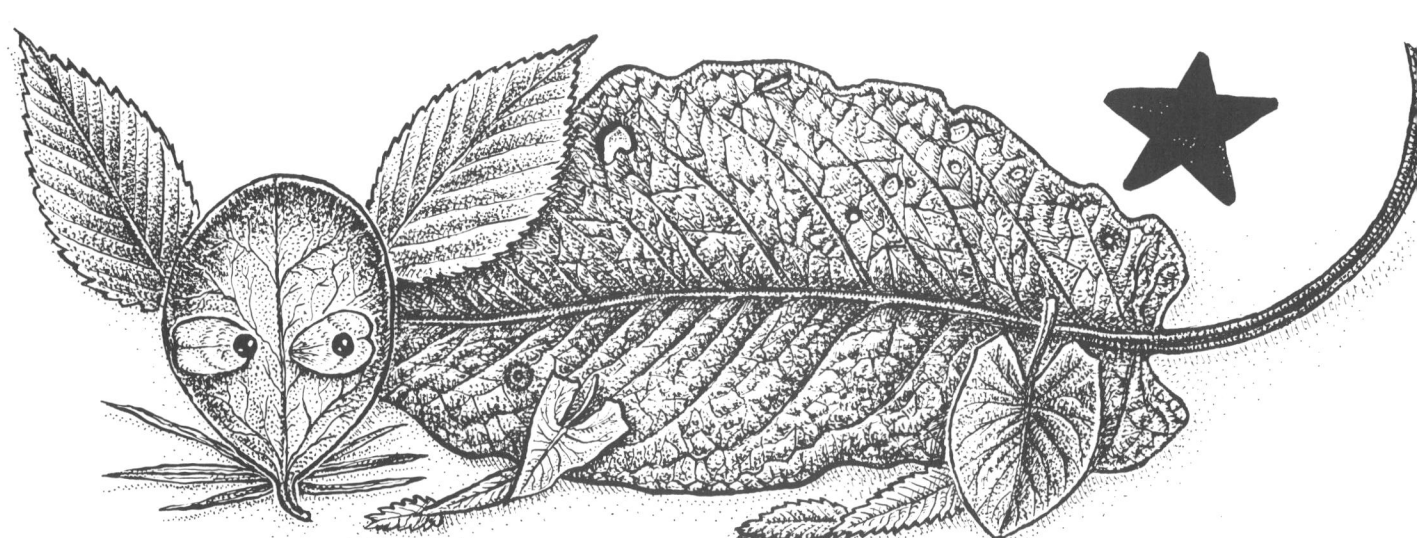

♥ Kartoffelstempel

Aus Kartoffeln könnt ihr Stempel basteln, mit denen ihr Papier bedruckt.

Dazu braucht ihr:

mittelgroße Kartoffeln
scharfe Messer
Kugelschreiber oder Bleistifte
Tuschkastenfarbe oder Tinte
Papier
Wasser
1 Teller oder Schälchen

Und so wird's gemacht:

Die Kartoffeln werden gewaschen und halbiert. Jede Hälfte ergibt einen Stempel.
Mit Kugelschreiber oder Bleistift auf die Schnittfläche das gewünschte Stempelbild aufzeichnen.
Diejenigen Stellen, die nicht als Druck erscheinen sollen, circa ½ cm dick mit dem Messer wegschneiden.

Eure Druckfarbe mit Wasser in einem Teller anrühren.
Den Kartoffelstempel hineintauchen und damit auf das Papier stempeln.
Als Muster sind hübsch: Sonne, Mond und Sterne, ein Herz, ein Kleeblatt – aber auch Buchstaben, und wenn ihr mehrere Buchstaben herstellt, könnt ihr Wörter drucken: Grüße zum Geburtstag auf Einwickelpapier, eure Namen auf Tischkärtchen, Servietten und vieles mehr.

BLÄTTERZOO MACHT KINDER FROH!

und, Erwachs'ne ebenso!

♥ Lustiges Bilder-Backen

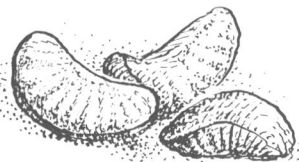

Für den Teig braucht ihr:

700 g Weizen- oder Dinkelvollkornmehl ✿
2–3 EL Honig
1 Ei
1 Prise Salz
1 Päckchen Backpulver
5 Prisen (oder mehr, nach Geschmack) Naturvanille
abgeriebene Schale einer ungespritzten Zitrone
300 g Butter
Eigelb zum Bepinseln des Teiges

Für die Verzierung der Bilder könnt ihr nach Lust und Laune verwenden:

Kokosflocken, Mohn, Sesamsamen, Walnüsse und Haselnüsse, Mandeln, Rosinen, Pistazienkerne, Lakritze, Apfelscheiben und Apfelschalen, Mandarinenspalten, Bananenstückchen, getrocknete Datteln Pflaumen und Feigen, rote Marmelade.

An Geräten braucht ihr:

Rührschüssel, Backblech, Nudelholz, Messer, Kuchenpinsel, Eßlöffel

Und so wird's gemacht:

Alle Zutaten für den Teig in der Rührschüssel tüchtig miteinander verkneten. Am besten wechselt ihr euch ab. Der Teig muß am Schluß ein glänzender, glatter Klumpen sein! (Eventuell etwas Wasser zugeben.)
Das Backblech einfetten.
Den Teig zu einer länglichen Rolle formen, längs auf die Mitte des Blechs legen und mit dem Nudelholz ausrollen. Mit den Händen nachhelfen und drücken, bis der Teig gleichmäßig über das ganze Blech verteilt ist.
Mit einem scharfen Messer den Teig in soviele Felder ritzen, wie ihr Kinder seid. Jedes Kind gestaltet darauf sein Bild: ein Männchen oder ein Haus, einen Baum oder einen Osterhasen, einen Fliegenpilz oder einen Elefanten, ein Kamel oder ein Zebra. Der Elefantenrüssel kann aus Mohn sein und der Osterhase aus Kokosflocken, der Fliegenpilz hat einen Hut aus roter Marmelade auf, den Kater ziert ein Bart aus einer aufgeschnittenen Vanillestange.

Unser Männchen auf der Zeichnung hat einen Apfelscheibenkopf (Zitronensaft drüberträufeln, sonst wird der Apfel braun); es schaut aus Rosinenaugen in die Welt; Mandarinenspalten bilden Ohren, Hände und Füße; Arme und Beine sind aus Bananenstückchen gemacht. Es trägt ein Hemd aus Kokosflocken, Hose und Hosenträger aus getrockneten Feigen.

Der *gestiefelte Kater* stolziert in Mohnstiefelchen daher. Wenn ihr ihm eine Hose aus Korinthen anzieht (Korinthen sind kleine Rosinen), dann habt ihr den berühmten *Korinthenkater*.

Vielleicht macht ihr auch einfach einen Kater-Wett-
bewerb, jedes Kind entwirft seinen eigenen Kater.
Dann könnt ihr euer Bild nennen: *Vier Kater auf einem Blech.*

Hat jedes Kind sein Bild fertig, werden die unver-
zierten Stellen des Teiges mit verquirltem Eigelb
bepinselt. Den Ofen auf 180 Grad anheizen, und
dann mit der ganzen Pracht in das Backrohr! Das
Bild muß 20 Minuten backen, dann ist es fertig.
Und fast zu schade zum Aufessen. Oder?

Vielleicht beschert uns der Herbst diesmal eine besonders reiche Obsternte. Dann ist jetzt die richtige Zeit, Obst für den Winter zu *dörren*.

Dörrobst

Es eignen sich Äpfel, Birnen, Pflaumen und Aprikosen.

Und so wird's gemacht:

Früchte waschen. Äpfel und Birnen schälen, das Kernhaus herausstechen, in Ringe schneiden. Pflaumen und Aprikosen werden im ganzen gelassen.

In den Herd auf den Rost ein Baumwolltuch legen (eine saubere Windel tut's auch), darauf die Ringe verteilen und bei 50 Grad (nicht heißer!) 10 bis 12 Stunden dörren.

In Blechdosen oder Mullsäckchen aufbewahren – und öfter mal kontrollieren, ob sich kein Schimmel ansetzt.

Euer selbstgedörrtes Backobst dann im Winter zu Quarkklößchen – ach du grüner Kater! bei der Vorstellung läuft mir das Wasser im Munde zusammen! Ich komm' zu Besuch und schmause mit!

> Mein Kater-Tip: die Apfelschalen getrennt trocknen. Das gibt einen prima Tee! Apfelschalen kleinhacken, pro Tasse 1 gehäuften EL mit 1 Tasse Wasser, 1 Prise Zimt und einem Ringel Zitronenschale kurz aufkochen, 10 Minuten ziehen lassen und abseihen. Mit Honig süßen. Kann man auch wunderbar kalt im Sommer trinken.

Aprikosen-Igel

Dazu braucht ihr:

100 g getrocknete Aprikosen
100 g gemahlene Mandeln oder Nüsse
2 EL Honig
1 EL Zitronensaft
abgeriebene Schale einer unbehandelten Zitrone
extra Mandeln für die Igelborsten

An Geräten braucht ihr:

Schüssel, Mixer, Messer, Eßlöffel, Zitronenpresse,
Reibeisen

Und so wird's gemacht:

Aprikosen hacken und zu Mus pürieren. Mandeln
oder Nüsse mit den übrigen Zutaten gut verkneten
und daraus walnußgroße »Igel« formen.
Aus den übrigen Mandeln Stifte schneiden und die
Mandelborsten in die Igel stecken.

An apple a day keeps the doctor away, sagen die
Engländer – ein Apfel am Tag erspart den Doktor.
Eigentlich sollte man beim Apfel immer das Kernhaus mitessen. Es enthält viel Jod und ist besonders
gesund. Beim Äpfeldörren bleiben aber soviele
Kerngehäuse übrig, daß wir die gar nicht alle aufessen können und genügend Material für eine *Apfel-*
kernkette haben.
Die Apfelkerne mit einer feinen Nähnadel auf einen Faden ziehen – und schon ist die Apfelkernkette oder das Apfelkernarmband fertig.

*ich bin
eine
Backpflaume!*

Quarkklößchen

mit Backobst oder Saft schmecken zu jeder Jahreszeit.

Dazu braucht ihr:

$^1/_2$ Kilo Quark
1 Ei
1 TL Salz
1 TL Honig
4 EL Weizen- oder Dinkelvollkornmehl ✳
das Abgeriebene einer unbehandelten Zitrone
1 TL Zimt
etwas Mehl zum Bestäuben der Hände
1 EL Salz extra

An Geräten braucht ihr:

Rührschüssel, Reibeisen, Eßlöffel, Teelöffel, breiter Kochtopf, Schaumlöffel, kleiner Kochtopf für das Backobst

Und so wird's gemacht:

Alle Zutaten werden gut miteinander verknetet und müssen dann eine halbe Stunde ruhen.
Den großen breiten Topf mit Wasser und dem extra EL Salz aufsetzen. Mit einem Eßlöffel vom Teig Klößchen abstechen, die Hände mit Mehl bestäuben und den Teigkloß schön rund drehen. Er darf nicht an den Händen kleben bleiben – sonst noch etwas Mehl hinzufügen. Die Teigmenge ergibt ungefähr 10 Klößchen.

Wenn die Klöße geformt sind und das Wasser kocht, alle Klöße auf einmal in das kochende Wasser geben und auf kleine Flamme stellen. Die Klöße dürfen nicht kochen, nur im Wasser ziehen! Nach ungefähr 5 Minuten sind sie gar und kommen an die Oberfläche gekullert.
Mit dem Schaumlöffel die Klößchen herausheben. Dazu gibt's das Backobst. Man muß es am Abend vorher in genügend Wasser einweichen – ½ Kilo Backobst in etwa 1 Liter Wasser – kurz aufkochen. Eventuell mit etwas Zitronensaft abschmecken.

Im Winter verspeise ich es lieber heiß zu den Quarkklößchen, im Sommer kalt.
Wenn kein Backobst mehr da ist, schmeckt auch Saft herrlich dazu.

Sesamschnitte Mauselpausel

Ihr braucht dazu:

70 g gemahlene Mandeln
2 EL Marmelade
das Abgeriebene einer unbehandelten Zitrone
1 EL Zitronensaft
etwa 100 g Sesamsamen
1–2 EL Honig zum Bepinseln

An Geräten braucht ihr:

Schüssel, Reibeisen, Messer, Eßlöffel, Pfanne, Zitronenpresse, Kuchenblech oder Tortenplatte, Spatel, Kuchenpinsel, Schälchen für Honig

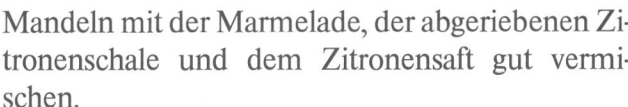

Und so wird's gemacht:

Mandeln mit der Marmelade, der abgeriebenen Zitronenschale und dem Zitronensaft gut vermischen.
Den Sesam in einer Pfanne ohne Fett unter Schütteln kurz rösten, er darf nur ganz leicht gebräunt sein.
Sesam an die Mandelmasse geben und verkneten – es muß eine streichfähige Paste entstehen. (Wenn es zu flüssig ist, mehr Sesam, wenn es zu bröcklig ist, mehr Marmelade zugeben.)
Ein Kuchenblech oder eine Tortenplatte mit kaltem Wasser abspülen und die Paste mit einem Spatel darauf glattstreichen.
Den Honig etwas erwärmen und mit dem Kuchenpinsel auf die Paste pinseln. Mit einem Messer, das ihr immer wieder in kaltes Wasser taucht, Vierecke, Rauten oder Rechtecke hineinschneiden.

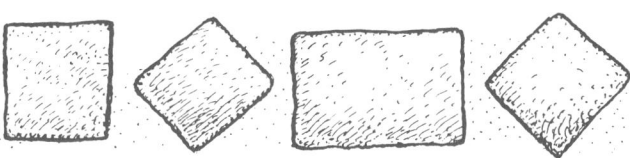

Mein Kater-Tip: wenn's schneller gehen soll, könnt ihr aus der Paste einfach kleine Kugeln oder Würstchen drehen und dann mit Honig bepinseln – und auch noch eine halbe Walnuß in jeden Mauselpausel drücken.

Leicht und schnell gemacht sind

Bratäpfel

Ihr braucht pro Kind:

2 große Äpfel
2 Mandeln
4 Rosinen
2 TL Marmelade
dazu:
Butter zum Ausschmieren der Schüssel
1 EL Honig
¼ Liter Sahne

An Geräten braucht ihr:

Messer oder Apfelausstecher, feuerfeste Schüssel, Teelöffel, Eßlöffel, Handrührgerät mit Schüssel

Und so wird's gemacht:

Äpfel waschen und abtrocknen.
Vorsichtig mit dem Messer (wenn ihr einen habt, mit dem Apfelausstecher) die Äpfel von dort, wo der Stiel gesessen hat, aushöhlen, indem ihr das Kerngehäuse herausstecht. Der Apfel darf nicht kaputtgehen!

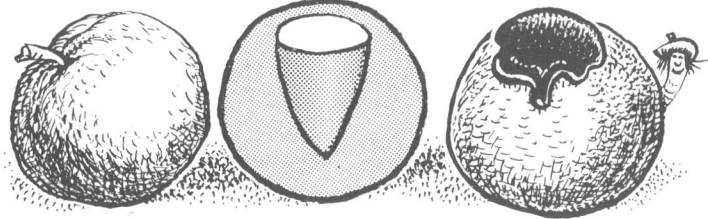

Die feuerfeste Schüssel einfetten.
Ofen auf 200 Grad vorheizen.
In die ausgehöhlten Äpfel Mandeln und Rosinen stecken, darauf 1 TL Marmelade und die Äpfel in die gebutterte Schüssel nebeneinander setzen.
In den Ofen auf die mittlere Schiene schieben.
Die Äpfel müssen etwa 20 Minuten backen, vielleicht kürzer, sie dürfen nicht zerfallen.
Die Sahne mit dem Honig steifschlagen und auf jeden Bratapfel einen großen Löffel dieser Honig-Schlagsahne geben.

Mäck Fettucinis Burger

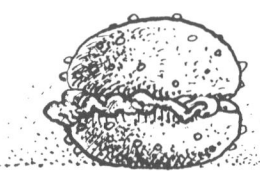

Als die Menschen das Brotbacken erfanden, haben sie einfach Korn zerrieben, mit Wasser vermengt, daraus einen Klumpen geformt und ihn auf einem heißen Stein oder auf einem primitiven Grill gebakken. Ihr könnt das genausogut in der Pfanne auf dem Herd. Macht euch doch mal eure eigenen Burger!

Ihr braucht dazu:

für den Teig:

4 Tassen Weizen- oder Dinkelvollkornmehl
1 TL Salz
1 1/2 Tassen Wasser
etwas Mehl zum Bestäuben des Backbrettes

für die Füllung:

1/2 Kilo Quark (ist er sehr trocken, etwas Milch oder Sahne)
1–2 TL Kräutersalz
1 Zwiebel
Kapern nach Geschmack
2–3 Tomaten
1 oder 2 Gurken (je nach Größe)
Schnittlauch oder Dill
8 Salatblätter

An Geräten braucht ihr:

Teigrührschüssel, Backbrett, Nudelholz, Pfanne, Schüssel, Teelöffel, Messer, Brett

Und so wird's gemacht:

Zutaten für den Teig miteinander verkneten und eine halbe Stunde ruhen lassen.

Dann den Teig in 8 Portionen teilen, aus jedem Teigstück zwischen den Händen eine Kugel formen, die Kugel flachdrücken und auf einem bemehlten Brett etwa 1/2 cm dick ausrollen.

Diese Fladen in der heißen Pfanne ohne Fett unter Schütteln und mehrmaligem Wenden etwa 10 Minuten backen.

Die anderen Kinder können inzwischen die Füllung vorbereiten: die Zwiebel enthäuten, fein schnippeln und unter den Quark rühren, mit Kräutersalz und Kapern abschmecken, eventuell Milch oder Sahne zugeben. Gurken und Tomaten in Scheiben schneiden, Kräuter fein hacken. Wenn alle Burger gebacken sind – für jeden 2 Stück! – werden sie gefüllt: zuerst kommt ein Salatblatt drauf, dann Tomatenscheiben, eine Lage gehackte Kräuter, Gurkenscheiben, eine Lage Quark, wieder gehackte Kräuter – obendrauf ein Salatblatt, und ein Burger gibt den Deckel ab.

Nun nichts als hineinbeißen!

O Tannenbaum, o Tannenbaum

„O Tannenbaum, o Tannenbaum, wie grün sind deine Blätter",
singen diese komischen Menschen – dabei hat der Tannenbaum gar keine Blätter,
sondern Nadeln. Und die fallen ein paar Tage nach Weihnachten ab.
Dann liegen sie alle auf dem Teppich, und die Mutter ist sauer.
Leider machen Katzen keinen Winterschlaf wie zum Beispiel Igel oder Murmeltiere.
Im Winter könnte ich 24 Stunden im warmen Bett durchpennen, besonders wenn
vor dem Fenster die Schneeflocken tanzen. Auch mein Frauchen schläft jetzt länger.
Sie schreibt Bücher und ist damit meistens zu Weihnachten fertig. Dann krault sie mich
besonders lange und sagt: „Fettucini, Barbara war so fleißig, jetzt schlafen wir uns mal
ordentlich aus. Meinst du nicht auch? Außerdem ist Schlaf gut für meine Schönheit."
Ich habe gleich „Miau!" gesagt. Ich schlafe ja selbst zu gern. Und wenn ich etwas hasse,
dann Hetze und Nervosität. Am liebsten schlafe ich an ihren Hals gekuschelt.
Wenn sie sich umdrehen muß, dreht sie mich gleich mit um, und wir pennen weiter.
Zwischendurch brauen wir uns dann den Kinderpunsch Ruschelpuschel und
brutzeln Bratäpfel. Duftet irre gut im ganzen Haus.
Ach ja, ich habe gehört, daß die Eskimos keine blauen Brillen tragen dürfen,
damit sie die Eisbeeren nicht für Blaubären halten – aber da stimmt doch
irgendetwas nicht mit der Rechtschreibung. Nur was stimmt da nicht?
Wißt ihr es?

1. O Tan-nenbaum, o Tan-nen-baum, wie treu sind dei-ne Blät-ter! Du

grünst nicht nur zur Som-mers-zeit, nein, auch im Win-ter, wenn es schneit. O

Tan-nen-baum, o Tan-nen-baum, wie treu sind dei-ne Blät-ter!

2. O Tannenbaum, o Tannenbaum,
du kannst mir sehr gefallen!
Wie oft hat nicht zur Winterszeit
ein Baum von dir mich hoch erfreut!
O Tannenbaum, o Tannenbaum,
du kannst mir sehr gefallen!

3. O Tannenbaum, o Tannenbaum,
dein Kleid will mich was lehren:
Die Hoffnung und Beständigkeit
gibt Trost und Kraft zu jeder Zeit,
O Tannenbaum, o Tannenbaum,
dein Kleid will mich was lehren.

Wenn ihr vom Spielen so richtig durchgefroren nach Hause kommt, braut euch mal einen

Kinderpunsch
Ruschelpuschel

Ihr braucht dazu:

2 Liter Obstsaft (zum Beispiel: Apfelsaft oder Apfelsaft gemischt mit Holundersaft, Himbeersaft, Erdbeersaft, Pflaumensaft, Aprikosensaft, Orangensaft, Pfirsichsaft ...)
Honig
Zimt
Zitronensaft
gemahlene Nelken – alles nach Geschmack!

An Geräten braucht ihr:

Kochtopf, Kochlöffel, Messer, Zitronenpresse, Eßlöffel

Und so wird's gemacht:

Den Saft in einen Kochtopf gießen, langsam erhitzen. Die Gewürze vorsichtig dazugeben, vor allem die Nelken (erst mal mit einer Prise beginnen und immer wieder abschmecken), zum Schluß den Zitronensaft.
Jeder süßt sich seinen *Ruschelpuschel* nach Geschmack mit Honig.

Den warmen Ruschelpuschel im Bauch, macht es Spaß, ein *Nelkenschwein* zu basteln. So ein Nelkenschwein sieht nicht nur niedlich aus, es duftet auch wunderbar und soll sogar Bakterien töten, gerade an feuchten Tagen. So heißt es jedenfalls in Berichten aus der guten alten Zeit.

Nelkenschwein

Pro Nelkenschwein braucht ihr:

1 Zitrone
viele, viele Gewürznelken
1 längs halbierte Mandel
4 Streichhölzer

Und so wird's gemacht:

Mit der Messerspitze oder einer Stricknadel vorsichtig kleine Löcher für Augen und Borsten in die Zitrone bohren – da hinein werden die Nelken gesteckt. Längliche Schlitze für die Ohren schneiden, in die klemmt ihr die Mandelhälften. Zum Schluß stellt ihr euer Nelkenschwein auf elegante Streichholzbeine.
Die Schnauze liefert die Zitrone selbst – sehr gut macht sich auch ein Ringelschwanz aus Wolle!

Bananen-Preiselbeermus

Ihr braucht dazu:

4 Bananen
4 EL eingemachte Preiselbeeren (oder Marmelade)
1 EL Honig
und 1 TL Honig extra
⅛ Liter Schlagsahne

An Geräten braucht ihr:

Gabel oder Handrührgerät mit Schüssel, Eßlöffel, Teelöffel

Und so wird's gemacht:

Die Bananen schälen und mit dem Handrührgerät oder der Gabel zu Mus schlagen. Die Preiselbeeren und den EL Honig dazugeben.
Im Kühlschrank kaltstellen.
Die Sahne mit dem TL Honig steifschlagen und unter das Mus mischen.
Noch einmal kaltstellen (und dann mit Genuß verzehren).

Ihr habt sicher alle schon Marzipan gegessen. Wenn man genug Geld hat, und es ist Friede und kein Krieg, ist es einfach, gute Sachen zu kochen und zu backen; auch Marzipan zu machen, zum Beispiel. Im letzten Krieg, der ja nun schon lange her ist, Gott sei Dank, haben die Leute aber auch Marzipan gemacht, und es ist vielleicht ganz gut zu wissen, daß es auch so geht, wenn man sich nur zu helfen weiß. Sie hatten keine Mandeln und mußten sich mit künstlichem Mandelaroma behelfen. Da-

mals haben sie sogar Kuchen aus Kartoffeln und Karotten gebacken, könnt ihr euch das vorstellen? Und es hat gut geschmeckt!

Fettucinis Marzipan

Ihr braucht dazu:

280 g süße Mandeln
3–4 EL Honig
Rosenwasser (ein kleines Fläschchen, gibt's beim Apotheker)

An Geräten braucht ihr:

Schüssel, Teekessel, Mixer, Kochlöffel, Messer, Eßlöffel, Teelöffel, Backblech, Ausstechformen, Reibeisen

Und so wird's gemacht:

Die Mandeln mit kochendem Wasser überbrühen, ein paar Minuten stehen lassen, bis die Schalen sich zwischen den Händen abreiben lassen. Die braunen Schalen entfernen.
Die weißen Mandeln im Mixer klitzeklein pürieren, mit dem Honig vermischen und tropfenweise soviel Rosenwasser zugeben, daß eine Masse entsteht, die sich formen läßt.
Ihr könnt eine dicke Wurst daraus machen und davon Taler abschneiden, oder einfach Marzipankugeln drehen, oder die Masse auf ein mit Wasser abgespültes Blech streichen und hübsche Formen ausstechen – Tiere, Blumen, Früchte, Herzen – ihr könnt auch noch eine halbe Walnuß oder eine Haselnuß auf das Marzipan drücken oder rundherum mit Pistazienkernen garnieren.

Mein Backwerk ist zum Naschen da für Jung und Alt samt Opapa!
MIAU!

61

Im Winter brauchen wir besonders viel Vitamine, um uns nicht zu erkälten. Ein Salat schmeckt köstlich und hält uns gesund.

Wintersalat Knecht Ruprecht

Dazu braucht ihr:

½ Kilo gemischtes rohes Gemüse (zum Beispiel: Sellerie, Weißkohl, Karotten, Rote Rüben, Sauerkraut, Blumenkohl, Lauch …)

und für die Sauce:

2–3 EL Sonnenblumenöl
1 EL Zitronensaft
½ TL Kräutersalz
½ Joghurt

Und so wird's gemacht:

Das Gemüse unter fließendem Wasser kurz bürsten oder waschen. Sellerie und Rote Rüben schälen, Karotten bürsten und alles in Würfel oder Stifte schneiden, Weißkohl schnippeln, Blumenkohl in Röschen zerteilen, Sauerkraut auseinanderzupfen. Zutaten der Sauce gut mit der Gabel verrühren. Das zerkleinerte Gemüse in die Sauce geben, gut mischen.

Wer es etwas milder mag, kann noch einen Schuß süße Sahne in den Salat geben. Gut schmeckt es auch, wenn ihr gemahlene Nüsse, Mandeln oder gemahlenen Leinsamen drüberstreut.

Guten Tag, ich bin der schüchterne Erwin!

Bei unseren Pferden, die ja nur von Hafer, Gras oder Heu und Wasser leben, ist das ganz toll: ein paar Minuten nach dem Fressen kommt prompt die letzte Mahlzeit als Pferdeäpfel heraus. Der Mensch kann eine ebensogute Verdauung haben, und dazu braucht er eben pflanzliche Faserstoffe aus Vollkorn, Obst und Gemüse.
Neulich habe ich mich mit dem größten heute lebenden Pflanzenfresser, einem Elefanten im Zoo, unterhalten. Er hat mir erzählt, was er für lange Därme hat, und da hab' ich vielleicht Bauklötzer gestaunt! Sein Dünndarm ist 25 Meter lang, sein Dickdarm 6,5 Meter, sein Enddarm 4 Meter und sein Blinddarm 1 Meter und einen halben! Wenn der am Blinddarm operiert werden muß, ach du grüner Kater! Das muß er aber nicht, weil er nämlich immer das Richtige frißt – und kein weißes Mehl und keinen Zucker.
Wen's interessiert: Beim Hund ist der gesamte Darm ungefähr 4,83 Meter lang – bei uns, den Katzen, ist er am kürzesten: 0,1 bis 0,45 Meter!

Ei im Kartoffelbreinest

beliebt bei jung und alt – und schnell gemacht (auch aus einem Rest vom Vortag).

Dazu braucht ihr:

1 Kilo Kartoffelbrei
eventuell etwas Sahne
nach Geschmack abgeriebene Muskatnuß
Käsereste von weichem Käse
Butter für Butterflöckchen und zum Einfetten der Form
pro Kind 1 Ei
Kräutersalz
Pfeffer
frisch geriebenen Parmesankäse nach Geschmack

An Geräten braucht ihr:

feuerfeste Form, Kochlöffel, Messer, Reibeisen

Und so wird's gemacht:

Den Kartoffelbrei mit Sahne, Kräutersalz, Muskatnuß und Pfeffer abschmecken, Käsereste in nußgroße Stücke schneiden und untermischen.
Ofen vorheizen auf 200 Grad.
Eine feuerfeste Form einfetten, Kartoffelbrei hineinfüllen, glattstreichen. Mit einem Ei soviele Dellen in den Kartoffelbrei drücken, wie ihr Kinder seid. Eier, eins nach dem anderen, aufschlagen und in die Dellen gleiten lassen. Mit Kräutersalz und Pfeffer bestreuen, Butterflöckchen draufsetzen, geriebenen Parmesan drüberstreuen.
Schüssel in den Ofen auf die mittlere Schiene schieben, backen bis die Eier gestockt sind und der Käse knusprig ist (25–30 Minuten).

♥ Ach du grüner Kater

Für dieses lustige Spiel kriegt jeder einen der Länge nach halbierten Bogen Papier und einen Buntstift. Oben in die Mitte seines Papierstreifens zeichnet jeder den Kopf *seines* Fabelwesens (der Phantasie sind keine Grenzen gesetzt), knifft das Blatt unter dem Kopf nach hinten um, so daß der Kopf nicht zu sehen ist, und gibt das Blatt an den rechten Nachbarn weiter.
Der zeichnet unter die Stelle, wo er den Kopf vermutet, den Hals *seines* Fabelwesens, knifft das Papier wieder um und gibt es weiter. Der Nächste zeichnet einen Oberkörper mit den Armen bis zum Bauchnabel, wieder der Nächste den Unterkörper bis zu den Knien, der Nächste den Rest, Knie und Waden und Füße und den Boden, auf dem das Fabelwesen steht.
Blätter auseinanderfalten – *ach du grüner Kater,* was kommt da alles zum Vorschein!

Selbstgemachte Süßigkeiten sind ein hübsches Geschenk – nicht nur zu Weihnachten!

Ich bin nicht etwa eine Naschkatze – i bewahre! Ich bin viel schlimmer: ich bin ein regelrechter Naschkater! Die Kinder, die ich kenne, mögen auch alle sehr gern Süßes. Na, und erst die Erwachsenen! Selbstgemachtes Konfekt oder selbstgemachte Plätzchen, das schmeckt nicht nur zu Weihnachten. Also Kochmützen aufgesetzt – jetzt spielen wir Konditor!

Gefüllte Datteln Fata Morgana

Dazu braucht ihr:

250 g getrocknete Datteln
50 g Pistazienkerne
Naturvanille nach Geschmack (etwa ½ TL)
Honig (soviel, daß mit den übrigen Zutaten vermischt eine Paste entsteht)

An Geräten braucht ihr:

Messer, Brett, Schüssel, Teelöffel

Und so wird's gemacht:

Die Datteln der Länge nach aufschneiden und den Kern herausnehmen.
Die Pistazien fein hacken, mit der Vanille und dem Honig zu einer Paste verrühren.
Paste mit dem Teelöffel in die Datteln füllen.

Kokoshütchen Einsame Spitze

Dazu braucht ihr:

200 g entsteinte, getrocknete Datteln oder getrocknete Feigen
200 g Walnüsse, Haselnüsse oder Mandeln
200 g Kokosflocken
5 Eiweiß
2–3 EL Honig
½ TL gemahlene Naturvanille
abgeriebene Schale einer unbehandelten Zitrone
Butter oder Sonnenblumenöl zum Einfetten des Blechs
Mehl zum Bestäuben

(Die Menge ergibt etwa 30 Stück).

An Geräten braucht ihr:

Brett, Messer, Handrührgerät mit Schüssel, Eßlöffel, Teelöffel, Reibeisen, Backblech

Und so wird's gemacht:

Die Datteln oder Feigen und die Nüsse oder Mandeln grob hacken und mit den Kokosflocken mischen.
Die Eiweiß steifschlagen, Honig, Zitronenschale und Vanille unterrühren und alles vorsichtig mit der Dattelnußmasse vermischen.
Backofen auf 200 Grad vorheizen.
Backblech einfetten und mit Mehl bestäuben.
Aus dem Teig zwischen den Händen Hütchen (Kegel) formen und auf das Blech setzen.
Blech in den Ofen schieben, mittlere Schiene, und etwa 20 Minuten backen.

Bärchens Honigkekse

Eichhörnchens Lieblingsplätzchen

Dazu braucht ihr:

3 EL Honig
2 El Sonnenblumenöl (oder Butter)
2 EL Wasser
1 Prise Salz
2 Eigelb
1 TL Zimt
1 Prise gemahlene Nelken
das Abgeriebene einer unbehandelten Zitrone
1 EL Zitronensaft
250 g Weizen- oder Dinkelvollkornmehl
3 gestrichene TL Backpulver
100 g gemahlene Mandeln oder Nüsse
100 g getrocknete Aprikosen
etwas Mehl zum Bestäuben des Backbretts

Die Menge ergibt 2 Backbleche Kekse.

Dazu braucht ihr:

200 g Weizen- oder Dinkelvollkornmehl
1 gestrichenen TL Backpulver
2 EL Honig
$1/2$ TL Naturvanille
75 g Butter
4 EL Milch
200 g gemahlene Wal- oder Haselnüsse
das Abgeriebene einer unbehandelten Zitrone
1 Prise Salz
etwa 35 Walnußhälften oder Haselnüsse zum Verzieren
Milch zum Bepinseln der Plätzchen
Etwas Fett zum Einfetten des Backblechs

Die Menge ergibt 1 Backblech mit etwa 35 Keksen.

An Geräten braucht ihr:

Kochtopf, Rührschüssel, Kochlöffel, Förmchen zum Ausstechen, Eßlöffel, Teelöffel, Messer, Backbrett, Nudelholz, Backblech

An Geräten braucht ihr:

Rührschüssel, Eßlöffel, Reibeisen, Backblech, Teelöffel, Kuchenpinsel

Und so wird's gemacht:

Honig, Sonnenblumenöl oder Butter, Wasser und Salz in einem Kochtopf erwärmen und in die Rührschüssel gießen.

Die Eigelb unterrühren, dann die Gewürze und das mit dem Backpulver vermischte Mehl dazugeben, alles gut verkneten.

Die Aprikosen fein hacken, zusammen mit den gemahlenen Mandeln an den Teig geben und gut verkneten.

Der Teig muß jetzt eine Stunde im Kühlschrank verschnaufen!

Backbrett mit Mehl bestäuben und darauf den Teig ungefähr ½ cm dick ausrollen. Die Formen ausstechen, die ihr mögt: Sonne, Monde, Sterne.

Ofen auf 180 Grad vorheizen.

Backblech einfetten, Kekse drauflegen, Blech in den Ofen schieben (mittlere Schiene) und 15 Minuten backen.

Und so wird's gemacht:

Mehl und Backpulver in die Rührschüssel schütten. In die Mitte eine Mulde machen.

In die Mulde den Honig, die Vanille, die Butter, die Milch, die abgeriebene Zitronenschale und das Salz geben und alles gründlich durchkneten.

Der Teig muß jetzt eine Stunde Ruhe haben und kalt stehen.

Ofen auf 175 Grad heizen. Backblech einfetten.

Mit dem Teelöffel vom Teig walnußgroße Bällchen abstechen, zwischen den Händen zu einer Kugel rollen, die Kugel zu einem runden Plätzchen flachdrücken und nicht zu dicht nebeneinander auf das Blech setzen.

Plätzchen mit Milch bepinseln und in die Mitte die halbe Walnuß oder Haselnuß drücken.

Blech in den Ofen auf die mittlere Schiene schieben und 25 Minuten backen.

♥ Wir backen uns ein ABC

(Sehr praktisch, wenn Eiweiß übriggeblieben ist.)

Dazu braucht ihr:

3 Eiweiß
2–3 EL Honig
120 g Weizen- oder Dinkelvollkornmehl
1/2 TL Naturvanille

An Geräten braucht ihr:

Handrührgerät mit Schüssel, Rührschüssel, Eßlöffel, Teelöffel, Kochlöffel, Spritztüte, Backblech

Und so wird's gemacht:

Die Eiweiß steifschlagen.
In der Rührschüssel den Honig mit dem Mehl und der Vanille verrühren, das geschlagene Eiweiß dazugeben und alles verkneten, bis der Teig glatt ist. Backblech einfetten.
Jeweils eine Portion Teig in die Spritztüte füllen – alle Kinder kommen abwechselnd dran!
Mit der Spritztüte Buchstaben auf das Blech spritzen –
A B C D E F G ... das ganze Alphabet oder die Buchstaben, die ihr braucht.
Die Buchstaben müssen 2 Stunden trocknen.
Dann den Ofen auf 180 Grad heizen und die Buchstaben etwa 20–25 Minuten zart hellgelb backen.
Wer kann am besten buchstabieren? Setzt mal eure Namen zusammen: Anna, Emil, Paul – oder wie heißt ihr alle?

Natürlich könnt ihr auch Zahlen backen und dann Rechenstunde spielen.

♥ Heiße Maroni

Ihr habt sicher schon einem Maronibrater auf der Straße zugeschaut. Genauso gut könnt ihr *Maroni* im Herd backen.

Und so wird's gemacht:

Herd auf 200 Grad einstellen. Die Maroni, etwa 1 Kilo, mit einem Messer einritzen, auf das Blech legen und auf die mittlere Schiene in den Ofen schieben. Wenn ihr sie nicht einritzt, kann es passieren, daß sie im Ofen mit einem lauten Knall explodieren und die Nachbarn meinen, es sei schon Sylvester!
Nach etwa 20 Minuten sind sie gar.
Maroni etwas abkühlen lassen, dann mit den Händen auseinanderbrechen.

Dazu schmeckt herrlich heiße *Honigmilch* oder heiße *Nußmilch:* Milch erhitzen, Honig oder Nußmus nach Geschmack mit dem Schneebesen unterrühren.

66

Vollkornwaffeln Tausendundeinenacht

Diese Waffeln sind ein Hit. Kinderleicht zu backen und beliebt bei Hund – Katze – Maus und Mensch – und natürlich speziell bei mir!

Dazu braucht ihr:

200 g feingemahlenen Vollkornweizen oder -dinkel
1/4 Liter (reichlich) entweder nur Wasser, oder halb Wasser und Milch, oder Wasser mit 1 Löffel Sahne
Butter zum Ausfetten des Waffeleisens

Keine Eier – kein Fett kommt da rein – und natürlich kein Zucker! Nicht, daß ihr etwa denkt, ich habe das vergessen!

Und so wird's gemacht:

Das Mehl mit Wasser/Milch/Sahne gut verquirlen und mindestens 10 Minuten quellen lassen. Das Waffeleisen erhitzen, mit einem Kuchenpinsel leicht einfetten. Eventuell noch etwas Flüssigkeit zugeben, der Teig muß flüssig von der Schöpfkelle laufen. Dann je eine Schöpfkelle voll in das Waffeleisen füllen und backen, entweder weich oder knusprig, das kann man einstellen.
Ein bißchen abkühlen lassen und dann üppig bestreichen mit Nuß- oder Mandelmus oder Butter, mit Honig oder Marmelade. Und nicht vergessen, Zimt und Vanillepulver drüber zu streuen. Diese wunderbaren Gewürze heben die Stimmung! Die Erwachsenen haben das manchmal nötig und es duftet im ganzen Haus wunderbar nach Tausenundeiner Nacht!

Apfelmus oder Pflaumenmus schmeckt auch wunderbar dazu oder euer eingeweichtes Backobst.

Abschied vom alten Jahr nimmt unsere Familie mit einem Gericht aus Schlesien. Den Sylvesterabend versüßen wir uns mit

♥ Mohnpielen

Dazu braucht ihr:

250 g gemahlenen Mohn
½ Liter Milch
etwa 3 EL Honig
50 g Rosinen
40 g gehackte Mandeln
12 Vollkornzwiebäcke

An Geräten braucht ihr:

2 Schüsseln, 1 Glasschüssel zum Anrichten, Kochtopf, Sieb, Eßlöffel

Und so wird's gemacht:

Den Mohn in eine Schüssel schütten.
Die Milch im Kochtopf erwärmen, dann mit dem Honig gut verrühren und die Hälfte dieser Honigmilch über den Mohn gießen.
Rosinen waschen.

Rosinen und Mandeln unter den Mohn rühren.
Zwiebäcke in der zweiten Schüssel zerbröseln, die andere Hälfte Honigmilch drübergießen.
In die Glasschüssel immer abwechselnd eine Schicht Zwieback füllen, eine Schicht Mohnbrei, eine Schicht Zwieback, eine Schicht Mohnbrei. Die oberste Schicht ist Mohnbrei.

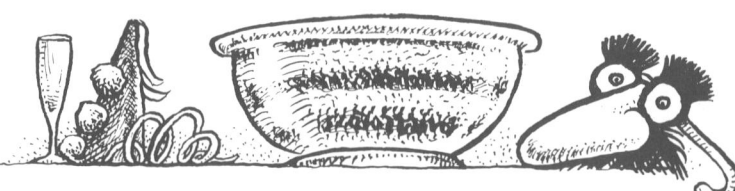

Mohnpielen in den Kühlschrank stellen und gut durchziehen lassen. (Ihr könnt ihnen auch noch ein Honig-Schlagsahne-Häubchen aufsetzen.)

Und damit verabschiede ich mich von euch. Prost Neujahr! Miau! Euer Kater Fettucini!

1. Es war ei - ne Mut - ter, die hat - te vier Kin - der: den

Früh - ling, den Som - mer, den Herbst und den Win - ter.

2. Der Frühling bringt Blumen,
   der Sommer den Klee,
   der Herbst bringt die Trauben,
   der Winter den Schnee.

3. Und wie sie sich schwingen
   im Jahresreihn,
   so tanzen und singen
   wir fröhlich darein.

Menüvorschläge

Jedes ihrer Kinder schickt die Mutter, Mutter Natur, mit
ganz besonderen Geschenken zu uns,
jedes zu seiner Zeit. So sind auch meine Rezepte nach
den Jahreszeiten geordnet. Aber ihr könnt natürlich
heutzutage die Frühlingsgaben auch im Winter genießen
und umgekehrt. – Auf der nächsten Seite folgen
ein paar *kunterbunte Menüvorschläge:*

Fettucinis Menü:

★ ★ ★

vorspeise:

Frühlingssuppe Meister Lampe

Hauptspeise:

Schiefer Pfannkuchenturm von Pisa

★

Zigeunersalat
Süße Nudeln wie im Schlaraffenland

★

Nudeln Kunterbunt
Apfelmusnachtisch Ruckzuck

★

Stipp-Dipp Pomfritz
Kuß von der Schneekönigin

★

Gebackene Kartoffeln und Kräuterquark
Rote Grütze Zappelphillipp mit Vanillesauce

★ ★ ★

Fettucine Alfredo
Brombeercocktail
★
Mac Fettucinis Burger
Bratäpfel
★
Ei im Kartoffelbreinest
Vollkornwaffeln Tausendundeinenacht
★
Quarktorte „liebe Frau Nebbich"
ApfelKlöße mit warmer Butter-Honig-Sauce
★
Heiße Maroni
Mohnpielen
★
Wintersalat „Knecht Ruprecht"
Quarkklößchen mit Backobst
★
Potz-Blitz Pomfrida
Bananen-Preiselbeermus
★
Holunderblütenpfannkuchen „Eisprinzessin" mit
warmer Honigsauce

Quarkspeise „Schneemann im doin Sommer"
★ ★ ★

Natürlich gesund
mit Barbara Rütting

Essen wir uns gesund

Barbara Rütting präsentiert hier ihre persönlichen Erfahrungen als Ernährungsberaterin und bezieht dabei die neuesten Erkenntnisse in Sachen Ernährung mit ein. Dazu stellt sie sowohl ihre Lieblingsrezepte aus der Vollwertküche als auch tiereiweißfreie und vegane Rezepte vor.

320 Seiten, ISBN 3-7766-2293-8

Lachen wir uns gesund!

Barbara Rütting führt uns in die Wissenschaft des Lachens ein: Sie berichtet von ihren Erfahrungen mit dem Lachen und verrät die besten Tipps und Tricks für ein Lachen, das entspannt, gesund hält, Schmerzen lindert und in schweren Zeiten hilft.

160 Seiten, ISBN 3-7766-2236-9

Bleiben wir schön gesund

Bewährte und neu erprobte Hausmittel zum Thema Gesundheit stellt Barbara Rütting in ihrem umfassenden Ratgeber vor. Dabei lässt sie uns an ihrer Lebensfreude, aber auch an ihren Krisen teilhaben – denn sie lebt das selbst, was sie anderen rät.

352 Seiten, ISBN 3-7766-2210-5

Herbig
www.herbig-verlag.de

Ravensburg, den 17.11.1999

Liebe Barbara Rütting!

Sie haben Geburtstag, und wir gratulieren. Auf dem Foto vorne hat uns unsere Lehrerin Frau Schaefer in der Schulküche aufgenommen. Wir haben Maroni geröstet nach Ihrem Rezept. Es hat toll geschmeckt.

Es grüßen: Marc Benjamin Michael Alexander Mathias Philipp Patrick Jörg Marco und alle anderen Kinder von der Klasse 4c

Liebe Barbara, wie Du siehst, ist Dein KINDERKOCHBUCH bei uns sehr beliebt. Neulich wollte ich es nachbestellen, um es zu verschenken, und es hieß: leider vergriffen. Zusammen mit Richard grüße ich Dich zu Deinem 72. Geburtstag. Wir hoffen, daß Dir der alternative Nobelpreis im neuen Lebensjahr verliehen wird!

Mit vielen guten Wünschen Deine Marianne und Richard

Liebe Barbara Rütting,

ich finde das Buch sehr s... und schön. Du hast alles so g... ben, dass man es sich gut vorstellen kann. Das ist ein total... Buch!

Eva Janina Gan...

Dear Eva:
For the vegetarian recipe book:

' I am a vegetarian because I think it is cruel to hurt animals and because they are equal to us. We wouldn't want to be put on a plate !!'
Hannah

' I am a vegetarian because I don't like killing and eating animals '
Rosie

Auf Wiedersehen Eva und Sophie
Bis bald
Von deinen Freundinen Hannah und Rosie

Ich esse nichts, u...
Alle Tiere sind mei...